500
cócteles

500
cócteles

Una amplia variedad de cócteles de todos los tiempos

BLUME

Wendy Sweetser

BLUME

Título original *500 Cocktails*

Traducción:
Teresa Jarrín Rodríguez

Revisión técnica de la edición en lengua española
Anna María Pérez Martínez
Especialista en temas culinarios

Coordinación de la edición en lengua española
Cristina Rodríguez Fischer

Primera edición en lengua española 2009
Reimpresión 2010 (2), 2013, 2016, 2017
Nueva edición 2021, 2024
Reimpresión 2025

© 2009, 2021, 2024 Naturart, S.A. Editado por Blume
Carrer de les Alberes, 52, 2.º, Vallvidrera
08017 Barcelona
Tel. 93 205 40 00 E-mail: info@blume.net
© 2007 Quintet Publishing Limited, Londres

I.S.B.N.: 978-84-10048-71-3
Depósito legal: B. 951-2024
Impreso en China

WWW.BLUME.NET

MIXTO
Papel | Apoyando la
silvicultura responsable
FSC® C016973

contenido

introducción

Nadie puede decir con certeza de dónde viene la palabra «cóctel» o quién mezcló el primero. En 1806, algunos sectores de la sociedad norteamericana estaban ya condenando «una mezcla vulgar, pero estimulante, de aguardientes, azúcar y agua», y se encontraba a la venta una gama de combinados que es de suponer estarían dirigidos a miembros menos probos de la sociedad, sin aversión a desplegar ocasionalmente cierto grado de vulgaridad en sus hogares.

El primer libro de recetas para elaborar cócteles se publicó en 1862 y se titulaba *How to Mix Drinks* o *The Bon-Vivant Companion*. Lo escribió un famoso barman de su tiempo llamado Jerry *The Professor* Thomas, y se convirtió en un éxito de ventas. La era del jazz llevó este fenómeno de los combinados «mezclados y agitados» a un ámbito más amplio, y de esta época datan muchas historias en las que se especula sobre cómo se creó el término «cóctel» (*cocktail* en inglés). La mayoría tratan de «peleas de gallos» (*cock* es «gallo» en inglés), chicas jóvenes y guapas y hombres heroicos y galantes, pero con ellas compite la historia del químico de Nueva Orleáns de origen francés Antoine Amedée Peychaud, que creó una gama propia de licores y que ofrecía bebidas en hueveras a los visitantes de su establecimiento Pharmacie Peychaud. Las bebidas se conocían con el nombre de «coquetiers» («huevera» en francés), y la leyenda sostiene que sólo fue cuestión de tiempo el que la palabra se americanizara y se convirtiera en el término «cocktails».

La popularidad de los cócteles creció rápidamente en los años 20 cuando la Ley Seca puso a prueba el ingenio de los barmans, que tuvieron que buscar medios novedosos para convertir la ginebra ilegal de garrafón (completamente imbebible) en algo más aceptable para el paladar de los clientes. La respuesta fue disfrazarla con cualquier cosa que se tuviera a mano. Los bares ya no eran sólo territorio de hombres de vuelta de todo. Las mujeres y las novias empezaron a acompañarlos a las tabernas clandestinas, donde se entraba llamando a la puerta con una contraseña, y los cócteles se convirtieron en la bebida estrella. Cuanto más extravagantes y provocativos fueran los nombres de los cócteles, más atraían a los clientes, seducidos por su aura de decadencia y *glamour* ilícito.

Tres cuartos de los cócteles clásicos que se piden en los bares hoy –incluidos el Martini, el Daiquiri o el Julepe de menta– se crearon antes de que comenzara el siglo xx, pero los años de la Ley Seca aseguraron su inmortalidad. En 1929 estaban en circulación más de 120 recetas para preparar martini. Los propietarios de bares reacios a infringir la ley perdieron sus negocios. Muchos cruzaron el Atlántico para abrir establecimientos en Europa, y los clientes que pudieron permitírselo les siguieron. Harry's New York Bar, en París, y el American Bar, en el hotel Savoy de Londres –los dos igual de famosos hoy en día–, son sólo dos ejemplos de muchos negocios donde los norteamericanos adinerados podían disfrutar de una bebida en público.

Al principio, los cócteles tendían a servirse en pequeñas cantidades y a ser fuertes, con el alcohol como principal ingrediente. Los clientes querían un efecto rápido y preferían no estar sentados mirando al mismo vaso durante demasiado tiempo. Hoy se es más proclive a lo contrario. La mayoría de los cócteles son largos y fríos, el alcohol va diluido en abundante zumo de frutas o agua mineral, y la bebida se disfruta relajada y placenteramente.

Durante el siglo XX, muchos dueños de establecimientos se hicieron tan legendarios como los clientes famosos que acudían a ellos. Entre los más célebres estaban Giuseppe Cipriani, que creó el cóctel Bellini (champán y zumo de melocotón natural) en el Harry's Bar de Venecia, y Johnny Brooks, conocido por mezclar los Martinis más secos de la ciudad en el Stork Club de Nueva York a clientes estelares como Ernest Hemingway o Marlene Dietrich. Otro barman célebre fue Don Beach, dueño del restaurante Beachcomber de Hollywood, donde servía Zombis (una potente mezcla de tres tipos de ron, aguardiente de albaricoque y zumo de frutas), además de otros sesenta y dos tipos de bebida, a la elite de la meca del cine.

Hielo, zumo natural de frutas, bíter, un chorrito (o tres) de licor y la gente más guapa del mundo: todo ello junto ha dado siempre lugar a combinaciones seductoramente embriagadoras. Si es usted nuevo en el mundo de los cócteles y quiere aprender más, las recetas de este libro no sólo le ayudarán a iniciarse, sino que también le mostrarán cómo improvisar, experimentar y crear sus propios cócteles. Se quedará sin ocasiones de celebración mucho antes de agotar nuevos modos de remover, agitar y mezclar las más sensacionales bebidas festivas.

las existencias del bar

Con tantas bebidas alcohólicas en el mercado y todas las que están continuamente apareciendo, decidir cuáles son las esenciales para aprovisionar razonablemente un bar puede ser un reto. El espacio y las consideraciones económicas limitarán las aspiraciones de la mayoría de los barmans en ciernes, pero una vez adquiridas las básicas, las demás pueden ir añadiéndose con el tiempo. Lo bueno es que, a diferencia del vino de mesa, las botellas abiertas de bebidas alcohólicas se conservan durante largo tiempo, por lo que no es necesario agotar inmediatamente su contenido.

La siguiente lista es una selección variada de bebidas alcohólicas para iniciarse, acompañada de los refrescos para mezclar más populares y de otros elementos que necesitará.

bebidas alcohólicas
Ginebra
Whisky (escocés o irlandés)
Vodka
Ron negro y ron blanco
Coñac
Tequila
Vermú seco y vermú dulce
Bourbon
Triple seco o Cointreau

licores
Una selección de licores según las preferencias personales, como Tia Maria, Amaretto, aguardiente de albaricoque (u otra fruta), licor de crema de menta, Drambuie, curaçao azul, schnapps de manzana (u otro sabor), Advocaat.

vinos
Vino tinto
Vino blanco seco
Champán u otro vino espumoso como cava

refrescos
Agua mineral con gas y/o soda
Tónica
Ginger ale seco
Refresco de cola
Limonada o gaseosa
Leche de coco
Granadina y otros jarabes
Zumo de tomate y zumos de frutas naturales, incluidos los de limón y lima sin azúcar
Angostura
Tabasco u otra salsa picante
Salsa worcester

para endulzar

Los cócteles pueden endulzarse con la adición de fruta fresca variada o de zumos recién exprimidos, o añadiendo azúcar en terrones, azúcar extrafino o jarabes. En climas más fríos, la fruta es a menudo menos dulce y fragante que en los trópicos, de modo que si encuentra que el cóctel que ha elaborado con mango, piña u otras frutas exóticas no es tan dulce como quisiera, ajuste el sabor añadiéndole un par de chorritos de jarabe hasta que el equilibrio sea el adecuado.

Emplear jarabes es el modo más fácil de endulzar una bebida. El azúcar no se disuelve fácilmente en alcohol, por lo que si emplea jarabes no tendrá gránulos en el fondo del vaso. Los jarabes sin alcohol, listos para usar, pueden obtenerse en tiendas de licores o gourmet, o en Internet. Entre otros, encontrará jarabe de caña de azúcar, horchata de almendra y docenas de jarabes de sabores que añadirán su propio color y sabor, como el de granada (granadina), granadilla o fruta de la pasión, grosella negra (*cassis*), el más esotérico de violeta, o de vainilla, chocolate o lavanda.

almíbar básico

Es fácil hacer su propio almíbar.

2 tazas de azúcar granulado
1 taza de agua fría

Ponga el azúcar granulado en un cazo de fondo grueso, añada agua fría y déjelo reposar durante 5 minutos para dar tiempo a los cristales de azúcar a absorber el agua y a ablandarse. Póngalo a fuego lento removiendo ocasionalmente hasta que el azúcar se disuelva por completo y el líquido quede claro. Llévelo al punto de ebullición, vuelva a bajar el fuego y cueza a fuego lento durante 1 minuto. Aparte el cazo del fuego, retire la espuma que pueda haber sobre la superficie. Viértalo en tarros, cúbralo y almacénelo.

los toques finales

Rodajas de fruta fresca: manzana, piña, naranja, limón, lima, kiwi, mango, melón
Bayas frescas enteras: fresas, frambuesas, moras
Cerezas marrasquino
Tallos de apio con hojas
Especias: nuez moscada, canela, jengibre
Aceitunas
Hojas de menta fresca
Tiras de piel de cítrico

Y no lo olvide: necesitará cantidades ingentes de hielo, tanto en cubitos como picado. Congele rodajas de limón y de lima, hojas de hierbas frescas y pequeñas flores comestibles en cubitos de hielo para obtener efectos decorativos.

utensilios

Tarros con tapas de rosca, cucharas de cocina corrientes, rodillos de madera, manos de mortero, cucharas dosificadoras, tazas y neveras portátiles llenas de hielo pueden servir de cocteleras, agitadores, mezcladores, dosificadores y cubiteras, pero si planea hacer cócteles en serio, merece la pena invertir en un equipo apropiado y de buena calidad.

dosificadores
Medidores para bebidas alcohólicas, generalmente con una tacita en cada extremo. El más pequeño tiene 30 ml de capacidad, y el más grande, 60 ml. Acostúmbrese a utilizar un dosificador cuando haga cócteles, incluso si va a emplear una medida menor de 30 ml. Enseguida le dará uso con la misma facilidad que a una cuchara dosificadora o una taza.

cuchara larga o mezclador
Cuchara plana y de mango largo, hecha de acero inoxidable. Se emplea para remover bebidas y para verter un tipo de alcohol sobre otro cuando se elaboran cócteles de varias capas.

maza de madera
Utensilio de madera parecido a la mano de un mortero que se emplea para machacar frutas frescas y hierbas juntas para que se desprendan los aromas y los sabores.

cocteleras
Hay dos tipos básicos. El modelo estándar está hecho de acero inoxidable y generalmente se compone de tres partes: un recipiente para el hielo, una tapa bien ajustada con un filtro incorporado y otra tapa de rosca. La coctelera Boston se compone de dos partes: un recipiente para mezclar como base y una parte superior de acero inoxidable del mismo tamaño. Con este tipo de coctelera hace falta un filtro o colador para verter la bebida en el vaso. La coctelera es *glamourosa*, pero con un tarro de mermelada y una tapa de rosca ajustada trabajará bien.

batidora o robot de cocina

Ahorra mucho tiempo a la hora de picar hielo. Para triturar cubitos de hielo necesitará que las cuchillas de la batidora o el robot de cocina sean fuertes, y el motor, potente. Otro modo de hacer hielo picado es romper los cubitos metiéndolos dentro de una bolsa de plástico fuerte y golpeándolos con un martillo o un rodillo. Para proteger las cuchillas, procese fruta u otros ingredientes antes de añadir el hielo.

taza dosificadora

Para mezclar cantidades grandes de cócteles hace falta una taza dosificadora grande. Haga lotes y guárdelos en botellas bien cerradas en el frigorífico. Agite bien antes de servir.

bolsas de cubitos de hielo

Ocupan menos espacio en el congelador que en las bandejas de cubitos de hielo. Puede extraer sólo el número de cubitos que necesite en lugar de tener que vaciar toda la bandeja.

cubitera

Esencial para contener los cubitos de hielo. Use pinzas o una cucharilla para servir el hielo. Nunca lo haga con las manos: además de ser antihigiénico, le dolerán los dedos.

utensilios básicos de cocina

Cuando se preparan y sirven cócteles es útil tener a mano un cuchillo pequeño de sierra, un pelador de hortalizas (para cortar la cáscara de los cítricos), una tabla de cortar, un exprimidor de limones, un paño para limpiar lo que se derrame, una bandeja de servir y posavasos.

decoraciones y accesorios

No sobrecargue los vasos con demasiados utensilios para remover, pajitas, sombrillas de papel, flores tropicales, rodajas de frutas exóticas o palillos de colores: en los cócteles, menos es definitivamente más.

el vaso adecuado

Cada tipo de cóctel precisa de su forma especial de vaso, pero si tiene en cuenta unas pocas reglas básicas, no le será necesario invertir en todos los estilos distintos de vaso que hay.

Los vasos de chupito son pequeños y rectos, y se utilizan para cantidades pequeñas de alcohol que se beben sin mezclar. Las bebidas cortas servidas con hielo requieren vasos bajos y simples conocidos como *sours* u *old-fashioned*. Los que presentan cristal sólido en la base son más resistentes; se diseñan para aguantar el golpe seco contra la mesa que debe darse antes de tomar ciertos tragos cortos.

Los vasos altos y estrechos o *highball*, y los vasos *collins*, ligeramente más altos, son para bebidas largas y mezcladas. La icónica copa del martini tiene una forma cónica grande. Cuando en una receta se menciona una copa de cóctel, es válida cualquier copa ancha en la parte superior, incluida la del martini.

Las copas de champán planas tienen un aspecto espectacular apiladas unas sobre otras en forma de fuente piramidal de vino espumoso, pero su poca profundidad implica que las burbujas desaparezcan poco después de servir la bebida. Para los cócteles de champán u otros elaborados con vino espumoso, las copas tipo flauta son mejores, porque atrapan las burbujas en el vaso durante más tiempo. Cualquier cóctel servido sin hielo debe presentarse en una copa para evitar calentar el contenido con la mano.

Las cremosas piñas coladas y otras bebidas mezcladas se sirven a menudo en copas globulares o en forma de tulipa. Al elegir los vasos hay que tener en cuenta que los que tienen el borde fino son generalmente más agradables a la hora de beber que los vasos más pesados y con el borde más grueso, y un pie largo y esbelto se adapta más cómodamente a la mano.

preparación de los vasos

Enfríe siempre los vasos en el congelador durante media hora (no más tiempo, porque podrían partirse) o en el frigorífico durante una hora. Para escarchar un vaso, sumérjalo en hielo picado o déjelo en el frigorífico hasta que esté muy frío. Cuando sirva bebidas largas y mezcladas, antes de añadir la bebida, llene los vasos hasta la mitad o tres cuartas partes con cubitos de hielo. Nunca reutilice el hielo; siempre debe ser nuevo.

salar o azucarar el borde

Frote el borde del vaso con un trozo de limón o de lima, y páselo por un plato con sal fina o azúcar extrafino, según el cóctel que esté elaborando.

tipos de vasos (según la imagen de la página opuesta)

Fila superior
1 copa *highball* de cóctel
2 copa *sling* de cóctel
3 copa de champán tipo flauta
4 copa de vino tinto
5 copa de champán tipo tulipa
6 copa linterna
7 copa de margarita
8 copa de cóctel de champán
9 copa de piña colada
10 vaso de pilsner
11 copa de martini

Fila inferior
1 vaso de whisky
2 vaso *highball*
3 copa de vino blanco
4 vaso *collins*
5 copa de daiquiri
6 copa *royale*
7 copa de cóctel clásica
8 copa de coñac
9 vaso *old-fashioned*
10 copa de mai tai
11 vaso de café irlandés

términos y técnicas

remover
Ponga cubitos de hielo en un vaso para mezclar, añada los ingredientes y remueva durante 10 segundos hasta que el alcohol esté frío pero sin que se diluya el hielo. Filtre la mezcla o sírvala directamente en un vaso sin que caiga el hielo.

agitar
Ponga hielo picado en una coctelera hasta la mitad, añada los ingredientes del cóctel (que no deben incluir vino espumoso ni bebidas carbonatadas), cúbralo con la tapa y agite vigorosamente arriba y abajo durante 10 segundos hasta que la coctelera esté escarchada por fuera. Filtre la mezcla en un vaso frío.

mezclar
Ponga los ingredientes del cóctel en una batidora para mezclarlos rápidamente o reducirlos a un puré fino. Añada zumo o agua mineral si queda demasiado espeso. Si el aparato es potente, puede también añadir cubitos de hielo; si no, utilice hielo picado.

técnica *flair*
Si se ve como el siguiente Tom Cruise y le apetece emular la técnica de lanzamiento y malabarismo con botellas de la que hizo gala en la película *Cocktail*, hay muchas escuelas y academias de restauración en Internet que ofrecen cursos de *flair*. ¡Mucho mejor que intentar aprender usted solo y ver cómo se estrellan en el suelo todas esas preciadas botellas!

aplastar

Consiste en machacar fruta fresca y hierbas para formar una masa suave empleando un utensilio especial, el mango de una cuchara, la mano de un mortero o un rodillo pequeño. Puede hacerse en una coctelera o directamente en el vaso de servir.

hacer capas

Al hacer cócteles de varias capas, cada bebida o licor tiene que añadirse lentamente vertiéndolo con suavidad en un vaso sobre el mango de una cuchara, del mismo modo que se aplica la nata para rematar el café irlandés. Como los niveles de densidad varían de una bebida a otra, es importante añadirlas en el orden que se da en la receta para que cada una flote sobre la anterior sin mezclarse. Puede averiguar usted mismo los niveles de densidad mirando en las botellas el porcentaje de alcohol de las bebidas. Cuanto más alto sea el porcentaje, menos densa será y más arriba le corresponderá estar en el cóctel que quiera preparar. Este tipo de cóctel se sirve con las bebidas separadas en capas, no mezcladas.

consejos y trucos

• Tenga preparados los ingredientes y utensilios antes de empezar a hacer el cóctel. Si va dar una fiesta y no quiere dejar la elaboración de los cócteles para cuando lleguen los invitados, prepare las mezclas con antelación y guárdelas en frío, listas para agitar, remover o mezclar cuando sea necesario.

• Sirva el cóctel inmediatamente después de verterlo en el vaso, ya que si no se separará.

• Evite llenar demasiado las cocteleras, batidoras o jarras. Tampoco llene los vasos hasta el borde para evitar que se derrame el contenido.

• Diga siempre a los invitados qué contiene el cóctel. Si se van a servir ellos mismos, ponga etiquetas en las jarras o las poncheras. Y elabore siempre alternativas sin alcohol para los abstemios o quienes vayan a conducir.

y por último...

Los cócteles son sofisticados, sensuales y divertidos, pero por muy inocente que resulte su sabor, son auténticos pelotazos de alcohol. Beba con cuidado y no se sobrepase... o se arrepentirá.

clásicos largos

Largos y refrescantes, estos cócteles clásicos en vaso *highball* son la bebida tonificante que tan bien sienta al final del día. Desde el estimulante Sea Breaze o el límpido Blue Lagoon al sensacional Tequila sunrise o el Té helado de Long Island, aquí encontrará cócteles que se adaptan a todos los estados de ánimo.

tom collins

véanse variaciones en la página 48

La historia de este famoso cóctel data del Londres de principios del siglo XIX. John Collins, jefe de camareros del Limmer's Hotel and Coffe House de Mayfair, mezclaba una bebida popular empleando ginebra Dutch Genever, pero este combinado no cuajó en Estados Unidos hasta que un barman lo elaboró con Old Tom Gin, ginebra londinense de sabor dulce que encajaba más con los gustos americanos. Hay una versión del cóctel llamada John Collins que se hace con bourbon o con whisky.

60 ml de ginebra
30 ml de zumo de limón
1 cucharada de almíbar
cubitos de hielo
soda
1 rodaja de limón para decorar

Llene un vaso largo hasta tres cuartas partes de su capacidad con cubitos de hielo; añada la ginebra, el zumo de limón y el almíbar y rellénelo con soda. Remueva y decore el vaso con una rodaja de limón y un mezclador.

Para 1 persona

harvey wallbanger

véanse variaciones en la página 49

Todo el mundo coincide en que Donato *Duke* Antone, campeón del mundo de mezclas, creó este potente cóctel en los años 50 en su Blackwatch Bar de Hollywood. Sin embargo, entra en el terreno de la leyenda si realmente elaboró el primero de ellos para un surfista de California llamado Harvey, que quiso ahogar sus penas en alcohol tras sufrir una derrota en una competición y chocó contra una pared cuando se marchaba a casa. Según una explicación más prosaica, el nombre del cóctel se inspiró en los golpes contra la pared y los bamboleos que recibían las alargadas botellas de Galliano al deslizarse detrás de la barra por los dedos ágiles de los camareros.

Cubitos de hielo
60 ml de vodka
$^1/_2$ taza (120 ml) de zumo de naranja natural
30 ml de Galliano
1 rodaja de naranja para adornar

Llene hasta la mitad un vaso alto y estrecho con cubitos de hielo. Vierta el vodka y el zumo de naranja, remueva bien y forme una última capa con el Galliano vertiéndolo sobre el mango de una cuchara larga. Sírvalo con un mezclador y una pajita. Coloque una rodaja de naranja en el borde del vaso. Antes de beberlo, exprima la naranja en el cóctel y échela en el vaso.

Para 1 persona

raffles singapore sling

véanse variaciones en la página 50

La receta de esta bebida mundialmente famosa, creada alrededor de 1915 por Ngiam Tong Boon, barman del Raffles Hotel de Singapur, y servida en el Long Bar a personajes de la talla de Somerset Maughan, Noel Coward o la estrella de cine Douglas Fairbanks, se perdió hace mucho tiempo. Es probable que el combinado moderno guarde poco parecido con el original, pero sigue teniendo éxito entre los turistas y los ejecutivos de altos vuelos que se apiñan en el Long Bar para probar el legendario cóctel. Siguiendo una costumbre consagrada, los clientes tiran al suelo las cáscaras de los cacahuetes que les sirven con las bebidas. El crujido de las cáscaras bajo los pies recuerda el sonido de las hojas secas que cubrían los suelos de las casas de las viejas plantaciones.

cubitos de hielo
30 ml de ginebra
23 ml de brandy de cerezas
15 ml de Cointreau
15 ml de Benedictine
15 ml de zumo de lima

60 ml de zumo de piña
90 ml de zumo de naranja
1 chorrito de granadina
1 chorrito de angostura
1 rodaja de piña y 1 cereza marrasquino
    para decorar

Ponga media docena de cubitos de hielo en la coctelera y vierta la ginebra, el brandy de cerezas, el Cointreau, el Benedictine, los zumos de frutas, la granadina y la angostura. Agite y filtre la mezcla en un vaso alto. Decore con una rodaja de piña y una cereza marrasquino. Sirva el cóctel con un mezclador y una pajita.

Para 1 persona

blue lagoon

véanse variaciones en la página 51

Cuando apareció el curaçao azul en los años 60, los aficionados a los cócteles se dejaron seducir rápidamente por las refrescantes mezclas de tonalidad azulada que empezaron a servirse. Este combinado de vodka, curaçao azul y limonada lo creó Andy McElhone, hijo del legendario Harry del Harry's Bar de Nueva York, aunque la receta original llevaba zumo de limón en lugar de limonada.

hielo picado
30 ml de vodka
30 ml de curaçao azul
$1/2$ taza (120 ml) de limonada
1 rodaja de lima para decorar

Llene un vaso hasta la mitad con hielo picado. Vierta el vodka y el curaçao azul y rellene con la limonada. Decore el vaso con una rodaja de lima.

Para 1 persona

cape cod

véanse variaciones en la página 52

Una popular bebida larga cuyo nombre proviene de un lugar de veraneo de la costa de Massachusetts. Una cosa es segura: no hay modo más agradable de relajarse que sentarse a mirar cómo se pone el sol sobre el Atlántico en una casa de campo con vistas al mar, mientras se bebe lentamente un refrescante Cape cod.

cubitos de hielo
60 ml de vodka
150 ml de zumo de arándanos
1 rodaja de limón o de lima para decorar

Llene un vaso hasta la mitad con cubitos de hielo y añada el vodka y el zumo de arándanos. Remueva bien y sírvalo con una rodaja de limón o de lima dentro de la bebida o en el borde del vaso. Compleméntelo con un mezclador y una pajita.

Para 1 persona

cuba libre

véanse variaciones en la página 53

Probablemente el cóctel de ron más famoso del mundo. Se dice que los primeros Cuba libres se bebieron en 1900 para brindar por la recién ganada independencia de la isla al tiempo que llegaba el refresco de última moda: la Coca-Cola.

cubitos de hielo o hielo picado
60 ml de ron blanco
150 ml de refresco de cola
1 lima

Llene hasta la mitad un vaso largo con cubitos de hielo o hielo picado. Añada el ron y rellene con el refresco de cola. Corte la lima por la mitad y exprima una mitad en el vaso. Corte la otra mitad en rodajas pequeñas y échelas dentro del vaso. Sirva con un mezclador y una pajita.

Para 1 persona

té helado de Long Island

véanse variaciones en la página 54

Una bebida no tan inocente como aparenta. Se trata de una mezcla muy satisfactoria de cuatro o cinco aguardientes. Existen muchas variantes con distintas combinaciones de licores: unas omiten el tequila, otras el vodka, pero lo mezcle como lo mezcle, el resultado es relajación líquida en un vaso.

cubitos de hielo
15 ml de ron blanco
15 ml de ginebra
15 ml de tequila
15 ml de Cointreau o triple seco
1 cucharada de zumo de lima natural
refresco de cola (al gusto)
piel de lima y de naranja para decorar

Llene la mitad de un vaso largo con cubitos de hielo. El tamaño del vaso vendrá determinado por lo fuerte que quiera que sea el cóctel. Añada el ron, la ginebra, el vodka, el tequila, el Cointreau o el triple seco y el zumo de lima. Rellene con refresco de cola haciendo el cóctel tan fuerte o diluido como desee. Decore el vaso con la cáscara de lima y de naranja.

Para 1 persona

sea breeze

véanse variaciones en la página 55

Este refrescante cóctel largo data de los años 30, momento en que se hacía con ginebra en lugar de vodka, además de brandy de albaricoque, zumo de limón y un chorrito de granadina para darle una femenina tonalidad rosa. En la California de los años 80, la popularidad que alcanzó la dieta del pomelo entre las jóvenes llevó a reemplazar el brandy de albaricoque por zumo de pomelo, y la granadina por zumo de arándanos.

60 ml de vodka
90 ml de zumo de arándanos
90 ml de zumo de pomelo
hielo picado

Vierta el vodka, el zumo de arándanos y el zumo de pomelo en un vaso largo lleno hasta la mitad con hielo picado. Sirva con un mezclador y remuévalo bien antes de beberlo.

Para 1 persona

horse's neck

véanse variaciones en la página 56

Originalmente, el *horse's neck* era un combinado sin alcohol hecho con ginger ale, hielo y cáscara de limón. Hacia 1910, los bebedores serios decidieron que esta mezcla suave y sedosa necesitaba una buena inyección de algo más fuerte, y le añadieron bourbon. Se ha experimentado con otros aguardientes a lo largo de los años, pero hoy el ingrediente más popular es el coñac.

unas gotas de angostura
cubitos de hielo
60 ml de coñac
150 ml de ginger ale
1 limón

Vierta un buen chorro de angostura en un vaso largo y dele vueltas para cubrir ligeramente el interior. Llene hasta la mitad un vaso con hielo, añada el coñac y rellene con ginger ale. Corte en espiral la cáscara de un limón con un pelador de hortalizas o un cuchillo bien afilado. Colóquela sobre el borde del vaso dejando que cuelgue por el exterior. Lo ideal es que llegue hasta la base.

Para 1 persona

tequila sunrise

véanse variaciones en la página 57

Este combinado mexicano de los años 30, a base de tequila y zumo de naranja, podría haber inspirado un éxito de los Eagles o un taquillazo de Mel Gibson, pero para los amantes de los cócteles de todo el mundo será siempre una colorida recreación del llameante sol del amanecer sobre el desierto mexicano.

cubitos de hielo
60 ml de tequila
180 ml de zumo de naranja natural
1 chorro generoso de granadina
1 rodaja de naranja y una cereza fresca
    para decorar

Ponga 4 o 5 cubitos de hielo en un vaso largo y añada el tequila y el zumo de naranja. Vierta un buen chorro de granadina y espere a que llegue al fondo del vaso. Decore con una rodaja de naranja y una cereza, y sirva con una pajita y un mezclador.

Para 1 persona

moscow mule

véanse variaciones en la página 58

Jack Morgan era dueño de la taberna Cock 'n' Bull de Los Ángeles en los años 40. Había perdido la esperanza de que sus clientes probaran la cerveza de jengibre que almacenaba en la bodega, hasta que una noche entró en el bar John Martin, jefe de relaciones públicas de la marca de vodka Smirnoff en la costa oeste. Juntos idearon un nuevo cóctel que bautizaron con el nombre de *Moscow Mule* o mula de Moscú. Aunque tradicionalmente se servía en una jarra pequeña de cobre, los barmans modernos encuentran el vaso largo *highball* más práctico, y también más atractivo.

cubitos de hielo
60 ml de vodka
el zumo de 1 lima
150 ml de cerveza de jengibre
rodajas de lima y hojas de menta para decorar

Llene hasta la mitad un vaso largo con cubitos de hielo. Añada el vodka y el zumo de lima y rellene con la cerveza de jengibre. Sírvalo decorado con rodajas de lima y hojas de menta.

Para 1 persona

screwdriver

véanse variaciones en la página 59

Este elegante cóctel, largo y refrescante, es, comparativamente, un recién llegado a la escena de los combinados. Se dice que lo inventó un petrolero estadounidense que trabajaba en Irán en los años 50 cuando, al no tener a mano una cucharilla de mango largo, removió su bebida vespertina con un destornillador de su caja de herramientas. Exprima el zumo directamente de la naranja para obtener un sabor más fresco y concentrado.

45 ml de vodka
hielo picado
120 ml de zumo de naranja natural
1 rodaja de naranja para decorar

Llene un vaso *highball* con hielo picado hasta tres cuartos de su capacidad y vierta el vodka. Añada gradualmente el zumo de naranja y remueva hasta que los ingredientes se combinen. Sirva con un mezclador y decore el vaso con una rodaja de naranja

Para 1 persona

variaciones

tom collins

véase receta básica en la página 27

john collins
Sustituya la ginebra por bourbon o whisky, y la rodaja de limón por una de naranja.

jean-paul collins
Sustituya la ginebra por coñac francés, y la rodaja de limón por una cereza marrasquino.

collins caribeño
Sustituya la ginebra por ron claro, y la rodaja de limón por una de lima.

collins moscovita
Sustituya la ginebra por vodka, y la rodaja de limón por una fresa.

collins de Acapulco
Sustituya la ginebra por tequila, y la rodaja de limón por una rodaja de lima.

variaciones

harvey wallbanger

véase receta básica en la página 28

wallbanger largo
Ponga 30 ml de vodka y un chorrito de Galliano en un vaso alto lleno hasta la mitad con hielo picado y rellene con zumo de naranja natural.

wallbanger con mandarina y lima
Sustituya el zumo de naranja por zumo de mandarina, y la rodaja de naranja por una de lima.

wallbanger con bison
No recurra siempre al vodka puro; experimente con el de sabores, como el Bison, con su toque de hierbas y lavanda. Pruebe vodkas de distintos sabores. Hay muchos en el mercado, como los de caramelo, melón o coco.

stilleto
Sustituya el zumo de naranja por la pulpa de 4 granadillas, que tienen que calentarse suavemente para poder separar la pulpa de las semillas, que luego debe colarse. Mézclelo con 1 cucharada de néctar de melocotón o granadilla y viértalo en el vaso con el vodka. Decore con una rodaja de granadilla.

salty dog
Elabore la receta básica sustituyendo el zumo de naranja por 60 ml de zumo de pomelo y vierta el cóctel en un vaso que tenga el borde recubierto de sal.

variaciones

raffles singapore sling

véase receta básica en la página 31

raffles cítrico

Sustituya el zumo de piña por zumo de pomelo y utilice zumo de naranja
sanguina. Prescinda de la granadina y añada 1 cucharadita de almíbar. Sírvalo
con sólo una cereza.

long bar sling

En lugar de elaborar la receta básica, ponga en la coctelera una docena
de cubitos de hielo con 60 ml de ginebra, 15 ml de Benedictine, 30 ml de
aguardiente de cerezas y el zumo de 1 naranja, y agítelo. Filtre el contenido
en un vaso largo y rellénelo con soda.

cherry gin sling

Para elaborar un combinado más sencillo, vierta 60 ml de ginebra y 30 ml
de aguardiente de cereza en un vaso largo lleno hasta la mitad de cubitos de
hielo. Rellene con agua de soda y decore con una cereza marrasquino.

straits sling

En lugar de elaborar la receta básica, ponga en la coctelera y agite 30 ml de
ginebra, 15 ml de brandy de cereza, 15 ml de Benedictine, 1 cucharadita
de biter de naranja y el zumo de medio limón. Rellénelo con agua de soda.

vodka sling

Sustituya la ginebra por vodka y añada una medida doble si lo quiere fuerte.

blue lagoon

véase receta básica en la página 32

lagoon de piña
Vierta el vodka en un vaso largo sobre hielo picado, añada ½ taza de zumo de piña natural en lugar de limonada y remueva bien. Vierta una capa flotante de curaçao azul encima.

lagoon de Eva
Sustituya la limonada por zumo de manzana con gas.

lagoon de uva
Sustituya la limonada por zumo de uva blanca o vino blanco seco.

sunrise over the lagoon
Añada un chorrito de granadina y espere a que llegue al fondo del vaso.

sleepy lagoon
Sustituya el vodka por ginebra o tequila.

variaciones

cape cod

véase receta básica en la página 35

rum codder
Sustituya el vodka por ron blanco y añada un chorrito de zumo de lima.

gin codder
Sustituya el vodka por ginebra y sírvalo con un rizo de cáscara de naranja en lugar de una rodaja de limón o de lima.

lemon codder
Sustituya el vodka puro por vodka con sabor a limón y sírvalo con un rizo de cáscara de limón.

tequila codder
Sustituya el vodka por tequila y sírvalo con rodajas de naranja y limón en el borde del vaso.

bourbon codder
Sustituya el vodka por bourbon y sírvalo con una rodaja de limón y una cereza marrasquino.

variaciones

cuba libre

véase receta básica en la página 36

cuba libre vespertino
Sustituya el ron blanco por negro o dorado, y la lima por una rodaja de naranja.

amaretto libre
Sustituya la mitad del ron por licor Amaretto Disaronno.

tequila libre
Sustituya el ron por tequila y sírvalo con una rodaja de limón.

libre confort
Sustituya el ron por Southern Comfort y exprima un cuarto de naranja en el combinado.

cuba libre bajo en calorías
Reduzca la cantidad de ron a la mitad y aumente la del refresco de cola a 180 ml, pero usando uno bajo en calorías.

variaciones

té helado de Long Island

véase receta básica en la página 38

té de limón
Rellene con bíter de limón en lugar de con refresco de cola y eche en la bebida una rodaja de limón.

té de menta verde
Sustituya el Cointreau por licor de crema de menta verde. Decore con un manojo de menta fresca.

té helado largo y refrescante
Prescinda del tequila, la ginebra y el Cointreau. Vierta el ron y el vodka en un vaso largo con hielo picado; incorpore el zumo de lima con 1 cucharadita de almíbar y remueva. Rellene con refresco de cola y decore con una rodaja de lima.

té de manzana
Rellene con zumo de manzana con gas en lugar de refresco de cola. Prescinda de la cáscara de lima y de naranja y eche dentro dos rodajas de manzana.

té ruso
Prescinda del ron y de la ginebra e incremente la cantidad de vodka a 45 ml. Utilice vodka con sabor a limón en lugar de vodka puro. Decore con una rodaja de limón en lugar de la cáscara de lima y de naranja.

sea breeze

véase receta básica en la página 39

deep purple breeze
Añada un chorrito de curaçao azul al vaso y remueva.

virgin breeze
Prescinda del vodka y aumente la cantidad de zumo de arándanos y zumo de pomelo a 120 ml. Añada un chorrito de zumo de lima.

thirties breeze
Sustituya el zumo de pomelo por 60 ml de aguardiente de albaricoque y un buen chorro de zumo de limón. Si lo desea, puede sustituir también el zumo de arándanos por un chorro de granadina.

hawaiian breeze
Sustituya el zumo de pomelo por zumo de piña, y el zumo de arándanos por zumo de naranja. Añada un chorrito de granadina y un rizo de piel de lima.

cool breeze
Reduzca la cantidad de vodka a 30 ml y sustituya el zumo de pomelo por soda.

variaciones

horse's neck

véase receta básica en la página 41

on the hoof
Sustituya el coñac por ginebra y la cáscara de limón por cáscara de naranja.

bourbon racing cert
Sustituya el coñac por bourbon. Decore el vaso con una espiral de limón o de lima.

old nag
Sustituya la angostura por 2 o 3 chorritos de bíter de naranja.

italian thoroughbred
Sustituya el coñac por 30 ml de grappa, 15 ml de vermú rojo dulce y 15 ml de vermú blanco seco. Vierta los licores sobre hielo y rellene con ginger ale.

champion hurdler
Sustituya la mitad del ginger ale por zumo de naranja, y decore el vaso con una rodaja de naranja.

variaciones

tequila sunrise

véase receta básica en la página 42

tequila sun-light
Para lograr una bebida más ligera, mezcle 60 ml de zumo de naranja con
30 ml de tequila y filtre sobre un vaso. Añada un chorrito de granadina
y espere a que llegue al fondo.

mexican sunrise
Sustituya el zumo de naranja por zumo de piña.

strawberry sunrise
En lugar de elaborar la receta básica, vierta 30 ml de tequila y 45 ml de licor
de fresa en un vaso largo sobre 4 o 5 cubitos de hielo y rellénelo con zumo
de naranja. Espere a que el licor de fresa llegue al fondo, y sírvalo decorado
con una rodaja de naranja y una fresa. Añada una pajita y un mezclador.

blue-day haze
Llene la mitad de un vaso largo con cubitos de hielo; añada 30 ml de curaçao
azul y 30 ml de tequila; rellene con agua de soda. El curaçao azul bajará
hasta el fondo del vaso.

soda sunrise
Sustituya la mitad del zumo de naranja por agua de soda para darle a la
bebida un ligero toque burbujeante.

variaciones

moscow mule

véase receta básica en la página 45

orange bitters mule
Añada un par de chorritos de bíter de naranja en lugar de lima. Decore con una rodaja de naranja.

gingered apple mule
Sustituya la mitad de la cerveza de jengibre por zumo de manzana con o sin gas. En lugar de la cáscara de limón eche 2 o 3 rodajas finas de manzana en la bebida.

highland mule
Sustituya el vodka por whisky escocés, y el zumo de lima por el zumo de la mitad de una naranja. Sustituya las rodajas de lima por un manojo de hojas de menta con un rizo de piel de naranja y una cereza marrasquino.

brandy mule
Sustituya el vodka por coñac, y el zumo de lima por 1 cucharada de zumo de limón. Sustituya las rodajas de lima por rodajas de limón.

stubborn mule
Sustituya la cerveza de jengibre por ginger ale, y las rodajas de lima por una rodaja de naranja.

variaciones

screwdriver

véase receta básica en la página 46

sparkling screw
Sustituya el vodka normal por vodka con gas; si quiere que la bebida quede menos fuerte, reduzca el vodka a la mitad y use agua mineral con gas para la otra mitad de la medida.

comfortable screw
Sustituya el vodka por Southern Comfort y añada una cereza marrasquino al vaso.

slow comfortable screw against the wall
Reduzca la cantidad de vodka a 15 ml y añada la misma cantidad de licor de endrinas y Southern Comfort. Rellene el vaso con zumo de naranja y remate el cóctel con una capa flotante de Galliano para hacer la «pared».

ghostly screw
¿Es la época de Halloween? Pues ponga en ambiente a sus invitados empleando vodka «negro»: no el aguardiente claro destilado de las patatas negras rusas, sino la coloreada con catechu, hierba oriunda de África y el sur de Asia.

scarlet screw
Sustituya el zumo de naranja corriente por zumo de naranja sanguina.

chic y refrescantes

Servidos en copas escarchadas de pie alto, estas bebidas «cortas» son muy reveladoras de por qué la palabra «cóctel» se convirtió en sinónimo de sofisticación e intriga. Muchos han sido creados por barmans legendarios de los años 20, 30 y 40 o están inspirados en ellos, y hoy siguen siendo igual de populares.

between the sheets

véanse variaciones en la página 82

En los embriagados años 30 estadounidenses, los barmans rivalizaban entre sí para fidelizar a los clientes creando cócteles de nombres cada vez más seductores. Este sensual combinado fue un éxito instantáneo, y hoy sigue siendo igual de popular.

30 ml de ron blanco
30 ml de coñac
30 ml de Cointreau o triple seco
30 ml de zumo de limón
1 rizo de cáscara de limón

Ponga el ron, el coñac, el Cointreau o el triple seco y el zumo de limón en una coctelera y agítela vigorosamente. Filtre el contenido en una copa de cóctel y sírvalo decorado con un rizo de cáscara de limón

Para 1 persona

stinger

véanse variaciones en la página 83

Antes de la Ley Seca, esta relajante bebida tónica se servía sola, pero cada vez más clientes empezaron a pedirla con hielo en un vaso *old-fashioned*. ¿Qué modo es mejor? ¡Elija usted mismo!

45 ml de coñac
23 ml de licor de crema de menta blanca

Mezcle el coñac y la crema de menta removiéndolos y viértalos en una copa de cóctel bien fría. Sirva el combinado con un mezclador.

Para 1 persona

negroni

véanse variaciones en la página 84

A principios del siglo XX, el conde Camillo Negroni, noble florentino y cliente asiduo del bar Casoni de la ciudad, quiso variar un poco su cóctel Americano usual y lo pidió potenciado con un poco de ginebra. Contento de satisfacer a un cliente apreciado, el barman creó inmediatamente la bebida perfecta para antes de una cena: una suave armonía de amargo y dulce que, sin duda, estimula el apetito.

cubitos de hielo
30 ml de Campari
30 ml de vermú rojo dulce
30 ml de ginebra
1 rizo de piel de naranja para decorar

Llene hasta la mitad una coctelera con hielo; añada el Campari, el vermú rojo y la ginebra y agítelos bien. Filtre el contenido de la coctelera en una copa de cóctel bien fría y sirva el combinado con un rizo de piel de naranja.

Para 1 persona

cosmopolitan

véanse variaciones en la página 85

El *cosmo*, como se le llama cariñosamente, es un cóctel muy de chicas, favorito de las cuatro frívolas neoyorquinas de la serie *Sexo en Nueva York*. Se atribuye la invención de este cóctel a Cheryl Cook, que lo creó en su bar de South Beach, Florida, en los años 80; pero una bebida similar ya era popular a finales de los 70 en los bares gays de San Francisco. Sin embargo, sólo cuando Toby Cecchini empezó a servirlo en el bar Odeon de Nueva York a finales de los 90 se convirtió en el icono que es hoy.

cubitos de hielo
45 ml de vodka
30 ml de triple seco
30 ml de zumo de arándanos
30 ml de zumo de lima natural
1 rodaja de lima para decorar

Llene hasta la mitad una coctelera con cubitos de hielo y añada el vodka, el triple seco, el zumo de arándanos y el zumo de lima. Agite el contenido y filtre en una copa de martini bien fría. Coloque una rodaja de lima en el borde de la copa y sírvalo.

Para 1 persona

gimlet

véanse variaciones en la página 86

En los días en que tanto las bebidas alcohólicas como la cerveza se almacenaban en barriles de madera, los camareros usaban una barrena o berbiquí (*gimlet* en inglés) para extraer de ellos la bebida, lo que inspiró la creación de este cóctel corto y cítrico. En 1953, Raymond Chandler acrecentó la popularidad del Gimlet al convertirlo en la bebida favorita de su legendario detective privado Philip Marlowe en *El largo adiós*.

45 ml de ginebra
45 ml de jarabe de lima
hielo picado
1 rodaja pequeña de lima

Ponga la ginebra, el jarabe de lima (por ejemplo, de la marca Rose's; o mezcle a partes iguales almíbar y zumo de lima natural) y 4 o 5 cubitos de hielo picados en una coctelera y agítela vigorosamente. Filtre el contenido en una copa de cóctel bien fría y sírvalo decorado con una rodaja pequeña de lima.

Para 1 persona

manhattan

véanse variaciones en la página 87

Nadie sabe con certeza cuándo y dónde se creó este célebre cóctel. Hay una teoría que sitúa su origen en 1846, cuando un barman de Maryland lo mezcló para intentar revivir a un cliente que había resultado herido en un duelo. Otra apunta a Jenny Jerome, la madre de Winston Churchill, de quien se dice que pidió al Manhattan Club de Nueva York que inventara un cóctel para un banquete en honor del gobernador Samuel J. Tilden. Sin embargo, como los historiadores han señalado, en el momento en que supuestamente tuvo lugar el acontecimiento Jenny estaba en Inglaterra dando a luz a su famoso hijo.

60 ml de whisky
30 ml de vermú rojo dulce
1 chorrito de angostura
cubitos de hielo
1 cereza marrasquino para decorar

Vierta el whisky, el vermú y la angostura en un recipiente para mezclar; añada 4 o 5 cubitos de hielo y remueva bien. Filtre el contenido del recipiente en una copa de cóctel bien fría y sírvalo con una cereza marrasquino.

Para 1 persona

lemon drop

véanse variaciones en la página 88

No hay duda de que este cóctel clásico de limón, ácido y dulce a la vez, convertirá una noche tranquila en algo especial. Recubra de azúcar el borde de la copa y enfríela bien antes de verter la seductora mezcla cítrica.

1 rodaja de limón gruesa
azúcar extrafino
cubitos de hielo
15 ml de vodka
15 ml de Limoncello
15 ml de zumo de limón
1 rodaja de limón para decorar

Frote el borde de una copa de cóctel con la rodaja de limón. Bañe el borde en azúcar extrafino y enfríela bien. Llene hasta la mitad una coctelera con cubitos de hielo, añada el vodka, el Limoncello y el zumo de limón, y agite vigorosamente. Filtre el contenido de la coctelera en una copa y sirva el cóctel decorado con una rodaja de limón.

Para 1 persona

sidecar

véanse variaciones en la página 89

Otro clásico que se cree fue creado al final de la Primera Guerra Mundial por el legendario barman Harry McElhone para uno de los clientes habituales de su New York Bar en París. El cliente, capitán de la marina, siempre llegaba al bar en el sidecar de una motocicleta conducida por su chófer.

cubitos de hielo
60 ml de coñac
30 ml de Cointreau
30 ml de zumo de limón natural
1 rizo de piel de naranja para decorar

Llene hasta la mitad una coctelera con cubitos de hielo y vierta el coñac, el Cointreau y el zumo de limón. Agítela con fuerza y filtre el contenido en una copa de cóctel bien fría. Decórela con un rizo de piel de naranja.

Para 1 persona

daiquiri

véanse variaciones en la página 90

El clásico daiquiri de ron, lima y azúcar lo ideó en un cálido verano cubano Jennings Cox, ingeniero de minas estadounidense que trabajaba en la isla hacia 1900. Se le ocurrió añadir zumo de lima natural y azúcar al ron isleño porque se le habían acabado las existencias de ginebra justo cuando iba a recibir a invitados importantes. Lo bautizó Daiquiri por una ciudad cercana a Santiago, en el sureste de Cuba.

60 ml de ron blanco
2 cucharadas de zumo de lima natural
1 cucharadita de azúcar extrafino o de almíbar
cubitos de hielo
1 rizo de piel de lima para decorar

Ponga el ron, el zumo de lima, el azúcar o el almíbar y una buena cantidad de cubitos de hielo en una coctelera y agítela vigorosamente. Filtre el contenido en una copa fría y sirva el combinado decorado con un rizo de piel de lima.

Para 1 persona

white lady

véanse variaciones en la página 91

Esta bebida la elaboró por primera vez en 1919 el barman Harry McElhone durante su estancia en el Ciro's Club, cercano a Haymarket, en Londres, uno de los lugares de alterne favoritos de la gente guapa del momento. El contraste entre el dulzor del Cointreau y la acidez del limón lo convierte en un aperitivo perfecto.

cubitos de hielo
60 ml de ginebra
30 ml de zumo de limón
30 ml de Cointreau
1 rodaja de limón o 1 rizo de piel de limón
    para decorar

Ponga una docena de cubitos de hielo en una coctelera; añada la ginebra, el zumo de limón y el Cointreau y agite vigorosamente. Cuele el contenido en una copa de cóctel bien fría y sírvalo con una rodaja de limón o un rizo de piel de limón.

Para 1 persona

grasshopper

véanse variaciones en la página 92

El licor de crema de menta aporta una refrescante tonalidad verde a este trago cremoso, pero es importante emplear crema de cacao blanca, ya que la marrón le dará un aspecto terroso, turbio y oscuro (¡aunque la bebida sabrá igualmente bien!). Queda muy bien decorado si espolvorea una cantidad pequeña de chocolate rallado por la superficie.

cubitos de hielo
30 ml de licor de crema de cacao blanca
30 ml de licor de crema de menta verde
30 ml de crema de leche ligera
chocolate rallado para decorar

Ponga media docena de cubitos de hielo en una coctelera; añada la crema de cacao, la de menta y la crema de leche y agite bien. Filtre el contenido en una copa de cóctel bien fría y espolvoree la superficie con un poco de chocolate rallado.

Para 1 persona

golden cadillac

véanse variaciones en la página 93

La crema de cacao blanca agitada con Galliano y crema da a este cóctel una hermosa tonalidad dorada. También le aporta ligeramente más dulzor que si se emplea la más familiar crema de cacao marrón.

30 ml de licor de crema de cacao blanca
30 ml de Galliano
30 ml de crema de leche ligera
cubitos de hielo

Vierta la crema de cacao, el Galliano y la crema en una coctelera; añada 4 o 5 cubitos de hielo y agite bien. Filtre el contenido en una copa de cóctel.

Para 1 persona

variaciones

between the sheets

véase receta básica en la página 61

early night
Sustituya el ron blanco por ron negro, y el rizo de piel de limón por uno de piel de naranja.

under the covers
Sustituya el Cointreau por curaçao azul, y el rizo de piel de limón por una cereza marrasquino.

mexican sleepover
Sustituya el ron por tequila.

starry night
Sustituya el coñac por vodka puro o vodka con sabor a limón.

variaciones

stinger

véase receta básica en la página 62

stinger on the rocks
Vierta la mezcla de coñac y crema de menta en una copa llena hasta la mitad con cubitos de hielo picados.

bourbon stinger
Sustituya el coñac por bourbon. Sírvalo solo o con hielo.

tequila stinger
Sustituya el coñac por tequila. Sírvalo solo o con hielo.

vodka stinger
Sustituya el coñac por vodka y la crema de menta blanca por crema de menta verde. Sírvalo solo o con hielo.

variaciones

negroni

véase receta básica en la página 65

negroni highball
Convierta este combinado en una bebida larga para un cálido día de verano vertiendo el Campari, el vermú y la ginebra en un vaso *highball* lleno hasta la mitad de hielo y rellenándolo con agua de soda.

gin and it
Prescinda del Campari e incremente la cantidad de vermú y ginebra a 45 ml cada uno.

rum negroni
Sustituya la ginebra por ron claro.

vodka negroni
Sustituya la ginebra por vodka para elaborar un negroni de estilo ruso.

variaciones

cosmopolitan

véase receta básica en la página 66

south beach cosmopolitan

Para recrear el Cosmopolitan original de Cheryl Cook, sustituya el vodka
con sabor a limón por vodka puro y añada un chorrito de triple seco,
1 cucharadita de jarabe de lima (como el de la marca Rose's) y suficiente
zumo de arándanos para que el combinado quede de un bonito color rosa.

cranberry apple cosmo

Sustituya el jarabe de lima por zumo de manzana, exprima el zumo de la
rodaja de lima y decore la bebida con una monda fina y curvada de manzana
verde.

cosmo razzamattaz

Sustituya el vodka puro por vodka con sabor a frambuesa.

fiery acapulco cosmo

Elabore la receta básica, pero sustituya el vodka por tequila. Añada 2-3 gotas
de tabasco en la copa de martini y gírela para recubrir el interior. Filtre la
bebida en la copa y añada un chile rojo, que flotará en la superficie.

variaciones

gimlet

véase receta básica en la página 69

gimlet on the rocks
Vierta la ginebra y el jarabe de lima en un vaso bajo y ancho, tipo *sours*. Remueva bien y eche una rodaja de limón en el vaso. Sírvalo con un mezclador.

vodka gimlet
Sustituya la ginebra por vodka y sirva el combinado solo o con hielo.

tequila gimlet
Sustituya la ginebra por tequila y sirva el combinado solo o con hielo.

scotch gimlet
Sustituya la ginebra por whisky escocés.

variaciones

manhattan

véase receta básica en la página 70

manhattan dry
Sustituya el whisky por bourbon, y el vermú rojo dulce por vermú seco
Noilly Prat. Sírvalo con un rizo de cáscara de limón en lugar de una cereza
marrasquino.

manhattan not-so-dry
Haga el Manhattan seco y endúlcelo añadiendo en el recipiente donde haga
la mezcla un chorrito de almíbar o ½ cucharadita del almíbar del bote de
cerezas marrasquino.

manhattan sweet
Prescinda de la angostura y emplee la misma cantidad de whisky y vermú rojo
dulce.

west side story
Sustituya el whisky por bourbon, y la mitad del vermú rojo dulce por
vermú seco. Sirva el combinado con un rizo de piel de naranja y una cereza
marrasquino.

variaciones

lemon drop

véase receta básica en la página 72

citrus drop
Sustituya el Limoncello por triple seco.

sweet lemon drop
Doble la cantidad de vodka y prescinda del Limoncello. Ponga un terrón de azúcar en la copa antes de echar la bebida.

melon drop
Sustituya el Limoncello por licor de melón Midori, y la rodaja de limón por una cereza marrasquino.

lemon soda drop
En lugar de usar copa, ponga los ingredientes en un vaso *highball* (alto y estrecho) y rellene con soda o limonada.

variaciones

sidecar

véase receta básica en la página 73

scotch sidecar
Sustituya el coñac por whisky escocés, y el rizo de piel de naranja por uno de piel de limón.

gin sidecar
Sustituya el coñac por ginebra, y el Cointreau por Grand Marnier. Sustituya el rizo de piel de naranja por la mitad de una rodaja de naranja.

vodka orange sidecar
Sustituya el coñac por vodka con sabor a limón, y el zumo de limón por zumo de naranja. Añada un rizo de piel de limón al de piel de naranja.

tequila sidecar
Sustituya el coñac por tequila, y el rizo de piel de naranja por una cereza marrasquino.

variaciones

daiquiri

véase receta básica en la página 75

daiquiri sunrise
Añada 2 cucharadas de granadina a la bebida y espere a que llegue al fondo de la copa o agite la granadina con el resto de los ingredientes.

minted lychee daiquiri
Reduzca la cantidad de ron a 30 ml y añada 30 ml de licor de lichis. Sustituya el rizo de piel de lima por un manojo pequeño de menta flotando en la superficie del combinado.

mango daiquiri
Siga las instrucciones para elaborar el Daiquiri mentolado con licor de lichis, pero sustituya este último por licor de mango y ponga sobre la superficie del combinado una rodaja muy fina de mango fresco en lugar de la menta.

banana daiquiri
Sustituya la mitad del ron por licor de crema de plátano y decore el borde de la copa con una rodaja de lima y otra de plátano.

white lady

véase receta básica en la página 76

blue lady
Sustituya la mitad del Cointreau por curaçao azul. Sirva el combinado con un arándano en un palito de cóctel en lugar del rizo de piel de limón.

pink lady
Añada un chorrito de granadina en la coctelera junto con el resto de los ingredientes. Sirva el combinado con una frambuesa fresca en un palito de cóctel, en lugar del rizo de piel de limón.

shady lady
Sustituya la ginebra por vodka con sabor a mandarina o piña.

wicked lady
Sustituya el zumo de limón por zumo de lima y añada 2 chorritos de bíter de naranja. Decore el vaso con un rizo de piel de lima.

variaciones

grasshopper

véase receta básica en la página 79

leaping grasshopper
Sustituya la crema ligera por 30 ml de vodka.

mocha hopper
Sustituya la crema de menta por kahlúa o Tia Maria.

amarula grasshopper
Sustituya la crema ligera por la misma cantidad de licor Amarula, destilado de la marula, exuberante y dulce fruta sudafricana.

banana hopper
Sustituya la crema de menta por crema de plátano.

variaciones

golden cadillac

véase receta básica en la página 80

amber cadillac
Utilice crema de cacao marrón, en lugar de blanca, y decore la copa con una rodaja de kiwi dorado.

pink cadillac
Añada un chorrito de granadina en la coctelera.

stretched limo
Vierta la bebida agitada en un vaso alto, lleno hasta la mitad con hielo, y rellénelo con agua de soda.

orange cadillac
Reduzca la cantidad de Galliano a 15 ml y añada 30 ml de zumo de naranja natural.

el maravilloso martini

El Martini, mítico y misterioso, reina como el

cóctel supremo, número uno del mundo. Sin hielo

y adornado con un rizo de cítrico, agitado con

aguardiente dulce de cerezas o tan seco que haría

sudar al propio desierto del Sahara, el cóctel favorito

en todo el mundo no es comparable a ningún otro.

strawberry martini

véanse variaciones en la página 106

Un espléndido combinado rosa, dulce, suave y frutal. Definitivamente para las chicas. Hágalo en verano, cuando las fresas son más fragantes y suculentas; si le sobra puré de fresas, congélelo para usarlo más adelante.

3-4 fresas, y otra para decorar
60 ml de vodka
15 ml de licor de crema de fresa o frambuesa
el zumo de ½ lima y 1 rizo de piel de lima para decorar
cubitos de hielo

Pase las fresas por la batidora o por un tamiz metálico de agujeros grandes. Deje una aparte para decorar la bebida. Ponga 1 cucharadita del puré de fresas en la coctelera y añada el vodka, la crema de fresa o de frambuesa, el zumo de lima y una buena cantidad de cubitos de hielo. Agite bien, filtre el contenido en una copa de cóctel y decore el borde con una fresa entera y un rizo de piel de lima.

Para 1 persona

classic martini

véanse variaciones en la página 107

El verdadero origen del Martini es tan mítico y está tan rodeado de misterio como todas las leyendas. ¿Se desarrolló este icónico cóctel a partir de una bebida de 1864 llamada «Martínez», que era una mezcla dulce de ginebra, angostura y vermú rojo? ¿Debería atribuírsele a Martini di Arma di Taggia, barman del Knickerbocker Hotel de Nueva York, que creó en 1911 un combinado de ginebra, vermú blanco y bíter de naranja? ¿O habría que creer en la placa que aparece en la esquina de Alhambra Street y Masonic Street, en Martinez, California, que declara que el primer Martini se mezcló allí? Sea cual sea la verdad, de lo que no hay duda es de la duradera popularidad del Martini, ¡y todos los barmans te dirán que el suyo es el auténtico!

60 ml de ginebra
1 rodaja pequeña de limón
2 gotas de vermú blanco extra seco
1 aceituna verde

Refrigere bien la ginebra y la copa de martini o colóquelas en el congelador hasta que estén muy frías. Frote el borde del vaso con la rodaja de limón. Vierta la ginebra y añada el vermú. Exprima el zumo de la rodaja de limón en la copa. Sirva inmediatamente el combinado, bien frío, decorándolo con una aceituna verde en un palito de cóctel.

Para 1 persona

midori martini

véanse variaciones en la página 108

Este Martini bien frío, de gran poder refrescante y potenciado con un fuerte sabor cítrico, es el modo perfecto de relajarse tras un día largo y agotador. Sea usted o no un mago de las finanzas, se sentirá igualmente millonario cuando se lleve a los labios la fresca copa.

90 ml de vodka con sabor a limón
15 ml de Cointreau
15 ml de Midori
el zumo de $1/4$ de limón
cubitos de hielo
1 rizo de piel de limón para decorar

Agite el vodka, el Cointreau, el Midori y el zumo de limón con una buena cantidad de cubitos de hielo. Filtre el contenido de la coctelera en una copa y sirva el combinado decorado con un rizo de piel de limón.

Para 1 persona

apple martini

véanse variaciones en la página 109

El Martini clásico se presta a todo tipo de emocionantes variantes. Agitar vodka
o ginebra junto con licores y zumos de frutas funciona particularmente bien. Asegúrese
de que tanto las botellas como la copa estén muy frías antes de empezar a elaborar
el combinado.

30 ml de vodka o ginebra
30 ml de schnapps de manzana
60 ml de zumo de manzana
1 cucharadita de zumo de limón
cubitos de hielo
1 rodaja de manzana verde para decorar

Ponga el vodka o la ginebra, el schnapps de manzana y el zumo de limón en una coctelera.
Añada una buena cantidad de cubitos de hielo y agítela vigorosamente. Filtre el contenido
en una copa de cóctel y sírvalo decorado con una rodaja de manzana verde.

Para 1 persona

blue heaven martini

véanse variaciones en la página 110

¿Sueña con cielos tropicales y mares de azul profundo? Este elegante cóctel le transportará a una playa exótica sin el estrés de tener que tomar un avión. La bebida puede removerse o agitarse, como lo prefiera.

90 ml de vodka
15 ml de curaçao azul
cubitos de hielo
1 cereza marrasquino para decorar

Remueva el vodka y el curaçao azul junto con hielo en abundancia, o agítelos juntos con el hielo en una coctelera. Filtre el contenido en una copa de cóctel bien fría y sirva el combinado decorado con una cereza marrasquino.

Para 1 persona

chocolate martini

véanse variaciones en la página 111

Cuando un barman emprendedor creó este cremoso y espumoso combinado, acertó a satisfacer la fantasía de cualquier «chocoadicto». Emplee chocolate amargo con al menos 70 % de cacao para lograr un sabor realmente suculento.

2 rodajas pequeñas de naranja
1 poco de chocolate negro finamente rallado
 o la misma cantidad de cacao en polvo
 y azúcar lustre mezclados
60 ml de vodka
30 g de chocolate negro con al menos
 70 % de cacao
30 ml de crema de leche espesa
cubitos de hielo

Frote el borde de una copa de martini bien fría con una de las rodajas de naranja. Mójela en el chocolate rallado o la mezcla de cacao en polvo y azúcar lustre. Refrigere bien la copa y la botella de vodka. Ponga 30 g de chocolate negro en un cuenco pequeño con la crema y métalo en el microondas a baja potencia hasta que se derrita. Remueva hasta que quede una mezcla fina. Vierta el vodka y la mezcla de chocolate derretido en una coctelera, añada una buena cantidad de cubitos de hielo y agite bien. Filtre el contenido en la copa de cóctel con el borde recubierto de chocolate y sirva el combinado decorado con la segunda rodaja de naranja.

Para 1 persona

variaciones

strawberry martini

véase receta básica en la página 95

kiwi martini
Sustituya las fresas por 1 cucharadita de puré de kiwi, la crema de fresa por
licor de kiwi y decore con una fresa o con una rodaja de kiwi.

blueberry martini
Ponga 2 cucharadas de arándanos frescos en una coctelera. Macháquelos.
Añada 1 cucharadita de almíbar, 60 ml de vodka y 23 ml de crema de
arándanos. Agite y vierta el contenido en una copa. Decórela con arándanos
en un palito de cóctel.

prickly pear martini
Pele un higo chumbo y páselo por un tamiz metálico de agujeros grandes,
extraiga las semillas y redúzcalo a puré. Ponga 1 cucharadita del puré en
una coctelera con 90 ml de tequila y el zumo de ½ lima. Añada una buena
cantidad de hielo y agite vigorosamente. Filtre el contenido en una copa.

guava martini
Elabore el Martini de higo chumbo sustituyendo éste por 1 o 2 guayabas.

mango martini
Elabore el Martini de higo chumbo, pero emplee 1 cucharadita de mango
triturado en lugar de la cucharadita de higo chumbo.

variaciones

classic martini

véase receta básica en la página 96

mr. Bond
Para recrear la bebida favorita de James Bond, sustituya la mitad de la ginebra por vodka y agítelos junto con el vermú y una buena cantidad de hielo antes de colarlos en una copa. Aunque al agitar la ginebra se intensifica su sabor a bayas de enebro, no afecta al sabor del vodka.

vodkatini
Sustituya la ginebra por vodka. Vierta el vodka en la copa y añada las gotas de vermú. Remueva y sírvalo decorado con un pequeño rizo de piel de limón.

gibson
Sírvala decorada con una cebollita para cóctel en lugar de una aceituna.

sake-tini
Emplee ginebra o vodka, añada 1 cucharada de sake y bastante hielo a la coctelera y agítela. Filtre en una copa de martini y decórela con una aceituna verde y una tira fina de piel de pepino ensartada en un palito de cóctel.

martini dulce
Sustituya el vermú seco por 30 ml de vermú rojo dulce. Añada una buena cantidad de hielo y agite la coctelera. Filtre el contenido en una copa de martini y decórela con una cereza marrasquino en un palito de cóctel.

variaciones

midori martini

véase receta básica en la página 99

martini gold
Sustituya el vodka por tequila, el Midori por Grand Marnier, y el zumo de limón por zumo de naranja. Agite con el Cointreau y el hielo y filtre en una copa.

st. Clements martini
Utilice vodka con sabor a naranja y sustituya el Midori por bíter de naranja, y el zumo de limón por una rodaja de naranja. Decore con piel de naranja.

grapefruit martini
Utilice vodka con sabor a pomelo y sustituya el Cointreau y el Midori por 30 ml de vermú blanco seco, y el zumo de limón por 2 cucharadas de zumo de pomelo. Decore con un rizo de piel de pomelo en lugar de limón.

dry orange martini
Agite con el hielo 90 ml de bourbon, 30 ml de curaçao naranja, 30 ml de zumo de naranja y 1 cucharada de zumo de limón y filtre el contenido en una copa. Decore con un rizo de piel de naranja en lugar de limón.

mandarin martini
Agite 90 ml de ginebra, 30 ml de triple seco o Cointreau y el zumo de ½ mandarina con hielo y filtre el contenido en una copa. Decore con una rodaja fina de mandarina.

variaciones

apple martini

véase receta básica en la página 100

peach martini
Incremente la cantidad de vodka a 60 ml. Sustituya el schnapps de manzana
por schnapps de melocotón, y el zumo de manzana por 15 ml de néctar
de melocotón. Decore con una rodajita de melocotón.

cherry martini
Agite 60 ml de ginebra con 15 ml de vermú blanco seco, un par de chorritos
de brandy de cerezas, 2 gotas de angostura y bastante hielo.

apricot martini
Sustituya el schnapps de manzana por aguardiente de albaricoque, y el zumo
de manzana por zumo de naranja. Decore con un rizo de piel de naranja
y una rodaja de albaricoque fresco.

melon martini
Sustituya el schnapps de manzana por licor de melón, y zumo de limón por
el zumo de ½ lima. Decore con un dadito de melón en un palito de cóctel.

cosmo martini
Sustituya el schnapps de manzana por Cointreau o triple seco, el zumo
de manzana por zumo de arándanos y la cucharadita de zumo de limón
por el zumo de media lima. Decore con una espiral de cáscara de lima.

variaciones

blue heaven martini

véase receta básica en la página 103

blue dawn martini
Vierta el vodka en una copa bien fría y a continuación añada el curaçao azul. Espere hasta que el curaçao llegue al fondo de la copa. Ponga la cereza marrasquino en un palito de cóctel, que usará como mezclador antes de beber.

blue sapphire martini
Sustituya el vodka por ginebra. Decore con un rizo de piel de limón en lugar de una cereza.

tequila blue martini
Sustituya el vodka por tequila. Decore con una rodajita de lima en lugar de una cereza.

chili blue martini
Remueva o agite el vodka y el curaçao azul con dos gotas de tabasco. Ponga sobre la superficie del combinado un chile rojo y prescinda de la lima.

deep blue martini
Añada un chorrito de granadina a la mezcla. Ponga la cereza marrasquino y un arándano en un palito de cóctel.

chocolate martini

véase receta básica en la página 104

white chocolate martini
Recubra el borde de la copa con chocolate blanco rallado. Sustituya los 30 g de chocolate negro por chocolate blanco.

chocolate orange martini
Sustituya el chocolate negro por chocolate negro con sabor a naranja y añada 15 ml de Grand Marnier a la coctelera.

mint chocolate martini
Siga las instrucciones para elaborar el martini de chocolate blanco, pero añada 15 ml de licor de crema de menta a la coctelera. Decore con un palito de menta cubierto de chocolate.

chocca–mocca martini
En lugar de elaborar la receta básica, agite 30 ml de café solo frío, 60 ml de vodka, 30 ml de kahlúa, 30 ml de licor de crema de cacao blanca o marrón y hielo. Filtre el contenido en una copa con el borde recubierto de chocolate.

chocolate banana martini
En lugar de elaborar la receta básica, agite 60 ml de vodka con 30 ml de licor de crema de plátano, 30 ml de licor de crema de cacao y bastante hielo. Cuele el contenido en una copa de cóctel y decore con una rodaja de plátano.

burbujeantes y espumosos

No hay como una bebida burbujeante para

potenciar el ánimo de fiesta, y esta selección

de chispeantes combinados es lo último en cócteles

festivos. Si no puede permitirse el mejor Dom

Perignon no se apure: todos saben igual de bien

con su vino espumoso favorito.

mimosa

véanse variaciones en la página 127

No hay bebida más apropiada que el champán para una fiesta o un baile. Si el producto genuino no está al alcance de su bolsillo, sustitúyalo por un buen vino espumoso, como el cava.

30 ml de zumo de naranja natural
2 cucharaditas de curaçao de naranja
    o Grand Marnier
120 ml de champán

Vierta el zumo de naranja en una flauta de champán bien fría para llenarla hasta más o menos un cuarto de su capacidad. Añada el curaçao de naranja o el Grand Marnier y rellénela de champán. Remueva y sirva inmediatamente.

Para 1 persona

cóctel de champán

véanse variaciones en la página 128

Es uno de los cócteles más sencillos de hacer porque no hacen falta herramientas o habilidades especiales, ¡sólo buen pulso! Una bebida similar al cóctel de champán moderno aparecía en 1862 en el libro de cócteles de Jerry Thomas *How to Mix Drinks*; pero no arraigó hasta que en 1899 John Dougherty presentó una versión del cóctel a un concurso de Nueva York. Para recrear la bebida original de John Dougherty, frote un terrón de azúcar en una peladura de naranja antes de añadirla a la copa. Cuando vierta el champán, reduzca su espuma sosteniendo la copa en un ángulo de 45°.

1 terrón de azúcar
2 chorritos de angostura
23 ml de coñac
180 ml de champán
1 rodaja de naranja y una cereza marrasquino
    para decorar

Ponga el terrón de azúcar en una flauta de champán, añada la angostura y espere unos minutos para que llegue al fondo. Vierta el coñac y rellene con champán. Decore la copa con una rodaja de naranja y una cereza marrasquino.

Para 1 persona

wild hibiscus royale

véanse variaciones en la página 129

Las flores del hibisco silvestre australiano conservadas en almíbar constituyen una adición inusual y vistosa a una bebida festiva. Si los pétalos se empeñan en permanecer cerrados, meta una cereza marrasquino en el centro de la flor para mantenerlos abiertos y en su lugar. En tiendas gourmet o en Internet se pueden comprar tarros de estas flores en conserva.

1 flor de hibisco silvestre
$^1/_2$ cucharadita de agua de rosas
138 ml de champán
1 cucharadita del almíbar del tarro
   de hibisco

Coloque con cuidado la flor de hibisco en el fondo de una flauta de champán bien fría asegurándose de que quede recta. Añada el agua de rosas y rellene con champán. Por último, rocíe con el almíbar.

Para 1 persona

framboise kir royale

véanse variaciones en la página 130

Perfecto para una fiesta veraniega al aire libre, cuando la fruta está más dulce y fragante. Como las frambuesas son aptas para congelar, este burbujeante combinado estival puede disfrutarse todo el año.

30 ml de licor de crema de frambuesa
135 ml de champán bien frío
frambuesas frescas para decorar

Vierta la crema de frambuesa en una flauta de champán escarchada y rellene con champán bien frío. Ponga unas pocas frambuesas en la superficie del cóctel y sirva inmediatamente.

Para 1 persona

gin rickey

véanse variaciones en la página 131

Se cree que lo inventó a finales del siglo XIX un activista político llamado Joe Rickey, que era cliente habitual del restaurante Shoemaker's de Washington D. C. El combinado original de Rickey no contenía azúcar: sólo zumo de lima, ginebra y un chorrito de soda; pero un poco de granadina hace menos ácido el sabor de este cóctel y le da una bonita tonalidad rosa.

60 ml de ginebra
1 cucharadita de granadina
el zumo de ¹/₂ lima o de ¹/₂ limón pequeño
agua de soda
rodajas de lima y/o limón para decorar

Llene un vaso alto con hielo hasta la mitad. Mezcle la ginebra y la granadina y viértalas sobre el hielo. Añada el zumo de lima o de limón y rellene con agua de soda. Decore el vaso con rodajas de limón y/o lima.

Para 1 persona

royale blue

véanse variaciones en la página 132

Otro refrescante cóctel con burbujas que saca partido de la deslumbrante tonalidad del curaçao azul. Decorar con un kiwi queda bastante espectacular, pero si no lo tiene a mano, coloque sobre el borde del vaso una ramita de grosellas rojas, negras o blancas.

30 ml de curaçao azul
½ taza (120 ml) de champán bien frío
1 rodaja de kiwi

Vierta el curaçao azul en una flauta de champán escarchada y rellene con champán bien frío. Decore el borde de la copa con una rodaja de kiwi.

Para 1 persona

black velvet

véanse variaciones en la página 133

El champán era una bebida festiva muy popular entre las clases adineradas de la Inglaterra victoriana, pero en 1861, tras la repentina muerte del príncipe Alberto, esposo de la reina, todo el país se puso de luto. El barman del Brook's Club de Londres, que deseaba seguir sirviendo champán respetando el luto, lo combinó con Guinness como un modo apropiadamente sombrío de señalar la ocasión. Bautizó este cóctel como «terciopelo negro». Aunque originalmente se servía en un pichel de cerveza, hoy se usa más habitualmente una copa de champán globular o tipo flauta. La bebida se convirtió en la favorita de Otto von Bismarck, y en Alemania se conoce por este nombre.

90 ml de Guinness bien fría
90 ml de champán bien frío

Tanto la Guinness como el champán deben estar bien fríos. Vierta la Guinness en una copa globular o tipo flauta y después añada cuidadosamente el champán vertiéndolo sobre el mango de una cucharilla para que flote sobre la Guinness. Sirva el combinado con un mezclador o bébalo con las capas separadas.

Para 1 persona

bellini

véanse variaciones en la página 134

En los años 40, con motivo de una exposición de las pinturas del artista veneciano Bellini, Giuseppi Cipriani, barman del legendario Harry's Bar de Venecia, señaló la ocasión con la creación de este cóctel de champán y zumo de melocotón. Un auténtico Bellini se hace con melocotones frescos de pulpa blanca, pero dado que su temporada es corta, la mayoría de los barmans aficionados recurren al melocotón amarillo, más común, a menos que, por supuesto, hayan almacenado en el congelador suficiente zumo de melocotón blanco como para que les dure todo el año. En esta receta se indica el uso de Prosecco, el vino espumoso italiano, en lugar del champán de la creación original.

1 melocotón de pulpa blanca
el zumo de $1/4$ de limón
1 cucharada de zumo de naranja
120 ml de Prosecco

Ponga el melocotón en un cuenco y cúbralo con agua hirviendo. Déjelo 1-2 minutos, después escúrralo y enfríelo bajo el agua. Aplique la punta de un cuchillo bien afilado sobre varias partes de la piel y luego quítela con los dedos. Corte el melocotón por la mitad y deseche el hueso. Trocee la pulpa, póngala en un robot de cocina con los zumos de limón y de naranja, y triture hasta que quede una mezcla fina. Llene una copa flauta de champán bien fría hasta un cuarto de su capacidad con el zumo de melocotón (congele el resto para otra ocasión) y rellene con Prosecco.

Para 1 persona

passion fruit bellini

véanse variaciones en la página 135

Este cóctel no sólo tiene un aspecto bonito, sino que su aroma y sabor embriagadores le transportarán instantáneamente a un mundo de playas blancas de coral y cálidos mares azules. Se puede emplear Prosecco en lugar de champán, como prefiera.

2 granadillas
60 ml de zumo de naranja natural
150 ml de champán

Parta por la mitad la granadilla, extraiga la pulpa y póngala en un cuenco pequeño o un cazo. Añada el zumo de naranja y caliente esta mezcla suavemente en el microondas o a fuego lento hasta que las semillas de la granadilla se separen de la pulpa. Filtre el contenido y déjelo enfriar. Ponga en una copa de champán tipo flauta suficiente granadilla como para llenar un cuarto de su capacidad y rellene con champán.

Para 1 persona

variaciones

mimosa

véase receta básica en la página 113

mimosa blush
Utilice zumo de naranja sanguina en lugar de zumo de naranja corriente.

mango mimosa
Sustituya el zumo de naranja por néctar de mango y eche una frambuesa fresca en la bebida.

lychee mimosa
Sustituya el curaçao de naranja por licor de lichis.

lemon mimosa
Sustituya el curaçao de naranja por Limoncello.

variaciones

cóctel de champán

véase receta básica en la página 114

cóctel de champán diablo rojo

Prescinda del terrón de azúcar y la angostura. Sustituya el coñac por brandy de cerezas y añada la misma cantidad de zumo de arándanos antes de rellenar con champán.

cóctel de champán al Amaretto

Prescinda del terrón de azúcar y la angostura. Sustituya el coñac por 2 cucharaditas de Amaretto Disaronno, 2 cucharaditas de Cointreau y un chorrito de zumo de lima antes de rellenar con champán.

cóctel de champán al melocotón

Sustituya el coñac por bourbon. Añada 15 ml de licor de melocotón a la mezcla antes de rellenar con champán.

cóctel de champán al albaricoque

Sustituya el coñac por brandy de albaricoque.

variaciones

wild hibiscus royale

véase receta básica en la página 117

rose petal royale
Prescinda de la flor de hibisco y el almíbar. Vierta el agua de rosas (o sustitúyala por un chorrito de granadina) en una copa bien fría tipo flauta y rellene con champán. Coloque en la superficie un par de pétalos de rosa de color rosa.

borage blossom royale
Prescinda de la flor de hibisco, el almíbar y el agua de rosas. Añada un chorrito de crema de cassis en una copa tipo flauta bien fría y rellene con champán. Coloque en la superficie 2 o 3 pétalos de flor de borraja.

violette royale
Prescinda de la flor de hibisco, el almíbar y el agua de rosas. Vierta champán en una copa tipo flauta bien fría y añada unas gotas de licor de crema de violeta. Coloque en la superficie una violeta.

lavender royale
Prescinda de la flor de hibisco, el almíbar y el agua de rosas. Añada un chorrito de licor o jarabe de lavanda en una copa tipo flauta bien fría y rellene con champán. Coloque en equilibrio en el borde del vaso un ramito pequeño de lavanda para decorar.

variaciones

framboise kir royale

véase receta básica en la página 118

dry orange royale
Sustituya la crema de frambuesa por curaçao de naranja. Coloque sobre la superficie de la bebida una tira fina de piel de naranja atada formando un nudo.

wild strawberry liqueur
Sustituya la crema de frambuesa por crema de fresa o de fresa silvestre. Coloque sobre la superficie de la bebida unas pocas fresas silvestres o una rodaja fina de fresa.

cassis royale
Sustituya la crema de frambuesa por crema de cassis y cuelgue del borde de la copa un puñadito de grosellas.

cherry ripe royale
Sustituya la crema de frambuesa por aguardiente de cereza o crema de cereza. Coloque sobre el borde de la copa dos cerezas unidas por el tallo.

variaciones

gin rickey

véase receta básica en la página 120

rickey fizz
Agite la ginebra con el zumo de limón y 1 cucharadita de azúcar. Prescinda de la granadina. Ponga hielo en un vaso alto, rellene con soda y añada un poco de zumo de limón extra para lograr un sabor más cítrico y ácido. Sirva con una pajita.

silver rickey fizz
Siga las instrucciones para elaborar el Rickey fizz, pero añada una clara de huevo ligeramente batida a la coctelera para crear un capa espumosa en la parte superior de la bebida.

vodka rickey
Sustituya la ginebra por vodka y el zumo de lima o de limón por el zumo de un cuarto de naranja. Decore el vaso con una rodaja de naranja en lugar de con rodajas de lima y/o limón.

tequila rickey
Sustituya la ginebra por tequila. Utilice zumo de lima y una rodajita de lima en lugar del zumo de limón y la rodaja de limón.

variaciones

royale blue

véase receta básica en la página 121

sparkling apple blue
Sustituya el champán por zumo de manzana con gas o sidra.

blue spritz
Sustituya el champán por 60 ml de vino blanco seco y 60 ml de agua de soda.

purple patch
Para lograr una bebida burbujeante de un púrpura intenso, sustituya el champán por vino tinto espumoso Shiraz.

elderflower blue
En lugar de champán, utilice 1 cucharada de jarabe de flor de saúco y rellene el vaso con vino blanco espumoso o agua de soda.

variaciones

black velvet

véase receta básica en la página 122

somerset velvet
Sustituya el champán por sidra, pero añádala antes, dejando la Guinness para la capa superior.

lemon velvet
Sustituya el champán por limonada.

top hat
Sustituya el champán por ginger ale.

royal purple velvet
Vierta 2 cucharaditas de jarabe de grosella negra en una copa de champán tipo flauta antes de añadir la Guinness seguida del champán.

variaciones

bellini

véase receta básica en la página 125

apricot bellini
Sustituya el melocotón por 2 albaricoques maduros.

strawberry bellini
Sustituya el melocotón por 4 fresas grandes y maduras.

blackberry bellini
En lugar de elaborar la receta básica, ponga 3 o 4 moras congeladas en una
copa de champán tipo flauta y añada 2 cucharaditas de crema de mora.
Rellene con Prosecco.

raspberry bellini
En lugar de elaborar la receta básica, ponga 3 o 4 frambuesas congeladas
en una copa de champán tipo flauta y añada 2 cucharaditas de crema
de frambuesa. Rellene con Prosecco.

passion fruit bellini

véase receta básica en la página 126

kiwi bellini
Triture 1 kiwi pelado junto con el zumo de naranja y vierta suficiente cantidad de esta mezcla en una copa de champán tipo flauta para llenarla hasta un cuarto de su capacidad. Rellene con champán.

lychee bellini
Triture 4 lichis frescos pelados y deshuesados (o 4 lichis en conserva escurridos) con el zumo de naranja y vierta suficiente cantidad de esta mezcla en una copa de champán tipo flauta para llenarla hasta un cuarto de su capacidad. Rellene con champán.

mango bellini
Triture ½ mango pelado junto con 60 ml de néctar de mango y vierta suficiente cantidad de esta mezcla en una copa de champán tipo flauta para llenarla hasta un cuarto de su capacidad. Rellene con champán.

papaya bellini
Triture ½ papaya sin semillas junto con el zumo de naranja y vierta suficiente cantidad de esta mezcla en una copa de champán tipo flauta para llenarla hasta un cuarto de su capacidad. Rellene con champán.

chupitos
y sours

Cuando Frank Sinatra cantaba melancólicamente

«set 'em up, Joe», si el barman hubiera mezclado

uno de estos cócteles, La Voz se habría animado

instantáneamente. No puede haber cóctel más

elegante que el black russian; la caipirinha y el pisco

sour evocan el jolgorio del carnaval; y el B-52 es

siempre un bombazo.

pisco sour

véanse variaciones en la página 152

El pisco, bebida nacional de Perú y Chile, es un brandy destilado de las uvas locales. Se agita tradicionalmente con almíbar, zumo de lima, clara de huevo y angostura para hacer un pisco sour. En los bares chilenos, los clientes a menudo beben pisco con hielo, ¡algo que haría bien en evitar el turista poco avezado!

60 ml de pisco
1 cucharadita de almíbar
60 ml de zumo de lima natural
aproximadamente 1 cucharadita de clara
    de huevo
1 chorrito de angostura
cubitos de hielo
1 pizca de nuez moscada recién molida

Ponga el pisco, el almíbar, el zumo de lima, la clara de huevo, la angostura y media docena de cubitos de hielo en una coctelera y agítela vigorosamente. Filtre el contenido en una copa de cóctel y sírvala con una pizca de nuez moscada recién molida espolvoreada por encima.

Para 1 persona

caipirinha

véanse variaciones en la página 153

Si Perú y Chile tienen el pisco, Brasil cuenta con un licor igualmente potente como bebida nacional: la cachaça, un aguardiente blanco, parecida al ron destilado de caña de azúcar prensada. En los días calurosos y soleados se ve a la gente guapa y bronceada que puebla las playas de Copacabana tomando este refrescante cóctel cítrico. La lima se maza siempre con el azúcar, nunca se exprime directamente en la copa.

1 lima
2 cucharaditas de azúcar extrafino o moreno
cubitos de hielo
60 ml de cachaça

Corte la lima en trozos pequeños y póngalos en un vaso bajo. Añada el azúcar y machaque la lima con una maza para que suelte su aroma y su zumo y disuelva el azúcar. Llene el vaso de cubitos de hielo y vierta la cachaça. Sirva con un mezclador.

Para 1 persona

rum sour

véanse variaciones en la página 154

La exuberante isla caribeña de Jamaica es famosa por su ron, y la mayoría de los visitantes están más que encantados de beber este líquido dorado. Potenciado con zumo de limón natural y vertido sobre una buena cantidad de hielo, este combinado de sabor fuerte es una bebida vespertina fácil de hacer y muy refrescante.

45 ml de ron jamaicano blanco
³/₄ de zumo de lima natural
1 cucharadita de azúcar extrafino o almíbar
cubitos de hielo
1 rodaja de lima y cerezas marrasquino
  para decorar

Ponga el ron, el zumo de lima, el azúcar o el almíbar y cubitos de hielo en una coctelera. Agítela vigorosamente. Filtre el contenido en un vaso bajo y decore con una rodaja de lima y cerezas marrasquino.

Para 1 persona

black russian

véanse variaciones en la página 155

En 1949, en plena Guerra Fría, Gustave Tops, barman del Hotel Metropole de Bruselas, creó esta mezcla de vodka y licor de café para Perle Mesta, una de sus clientas favoritas. Esta animada mujer de mundo era la esposa del embajador de Estados Unidos en Luxemburgo en aquel momento.

cubitos de hielo
60 ml de vodka
30 ml de Kahlúa o Tia Maria

Ponga 4 o 5 cubitos de hielo en un vaso bajo o un par de cucharadas de hielo picado. Añada el vodka, seguido del Kahlúa o del Tia Maria, y remueva bien. Sirva con un mezclador.

Para 1 persona

whiskey sour

véanse variaciones en la página 156

Los sours -cócteles potenciados con una buena dosis de zumo cítrico- datan de la década de 1850 en Estados Unidos, momento en que se elaboraban con brandy. Hoy es más popular el whisky, normalmente bourbon o whisky irlandés, más que escocés; pero puede usar cualquiera. Es importante utilizar zumo de limón natural para lograr el sabor ácido (sour) necesario.

60 ml de bourbon
el zumo de ½ limón
1 cucharadita de almíbar
cubitos de hielo
piel de limón o lima para decorar

Ponga el bourbon, el zumo de limón y el almíbar en una coctelera; añada media docena de cubitos de hielo y agite vigorosamente. Filtre el contenido en una copa de cóctel y sirva el combinado decorado con tiras de piel de limón y de lima.

Para 1 persona

lime shooter

véanse variaciones en la página 157

Si prefiere una bebida larga que pueda saborear y beber lentamente, ¡los chupitos no son lo suyo! Estos cócteles se sirven en vasos pequeños y altos que tienen capacidad para poco más de un trago. Si está con un grupo de amigos, alineen los vasos en la barra, brinden todos al unísono y beban de una sola vez el contenido.

30 ml de ron blanco
el zumo de 1 lima
1 cucharadita de zumo de naranja
1 cucharadita de crema de leche ligera
cubitos de hielo
1 rodajita de lima para decorar

Ponga el ron, el zumo de lima, el de naranja y la crema en una coctelera, añada media docena de cubitos de hielo y agite vigorosamente. Filtre el contenido en un vaso de chupito y decórelo con una rodajita de lima en la parte superior. Antes de beber el cóctel de un solo trago, quite la rodajita de lima y exprímala en el vaso.

Para 1 persona

b-52

véanse variaciones en la página 158

No tenga duda de que las bebidas a capas despertarán la admiración y los aplausos de sus invitados, y el *B-52*, cuyo nombre proviene del bombardero de larga distancia que se utilizó en la Guerra de Vietnam, es uno de los más populares. Reivindican su creación varios establecimientos, entre ellos el famoso restaurante Alice's del paseo marítimo de Malibú, California, que inmortalizó sin querer Arlo Guthrie en su éxito de los años 60 sobre su amiga Alicia.

15 ml de kahlúa
15 ml de Bailey's
15 ml de Grand Marnier

Vierta el kahlúa en un vaso pequeño bien frío, tipo vaso de jerez o de chupito. Vierta con cuidado una capa de Bailey's sobre el kahlúa vertiéndolo sobre el mango de una cuchara. Haga lo mismo a continuación con el Grand Marnier. Déjelo reposar un momento para que las capas se asienten. Sírvalo con un mezclador o disfrute de la bebida a capas.

Para 1 persona

americano

véanse variaciones en la página 159

El americano lo creó en la década de 1860 Gaspare Campari en su bar Campari. Más tarde se convirtió en la inspiración de otro cóctel clásico, el Negroni, en el que se añadía ginebra a la mezcla original. Gaspare bautizó su creación con el nombre de milano-torino (Milán era la tierra natal de Campari y Turín era donde Cinzano producía su vermú rojo dulce). Durante los años de la Ley Seca, el número de estadounidenses que visitaban el bar aumentó, y el cóctel cambió su nombre a «americano» en honor de estos clientes.

30 ml de Campari
30 ml de vermú rojo dulce
cubitos de hielo
1 chorrito de agua de soda
rizos de piel de naranja y de limón para decorar

Vierta el Campari seguido del vermú en un vaso bajo lleno hasta la mitad de cubitos de hielo. Añada un chorrito de soda. Decore con rizos de piel de naranja y de limón.

Para 1 persona

variaciones

pisco sour

véase receta básica en la página 137

pisco not-so-sour
Sustituya el zumo de lima por zumo de naranja o de mandarina recién exprimido.

in the pink pisco
Sustituya el almíbar por granadina.

pisco fizz
Filtre la bebida en un vaso *highball* y rellene con agua de soda.

piscola
Vierta el pisco en un vaso bajo lleno de hielo hasta la mitad y rellene con refresco de cola. Añada un rizo de piel de limón y sirva con una pajita.

ginger pisco
Vierta el pisco en un vaso bajo lleno de hielo hasta la mitad y rellene con ginger ale. Añada un rizo de piel de lima y sirva con una pajita.

variaciones

caipirinha

véase receta básica en la página 138

orange caipirinha
Sustituya la lima por un cuarto de naranja de piel fina o media mandarina.

mango caipirinha
Sustituya la lima por la pulpa troceada de medio mango maduro y fragante.

pineapple caipirinha
Sustituya la lima por una porción pequeña de piña (pelada, troceada y con
el centro duro extraído).

caipiriodka
La bebida puede también hacerse con vodka en lugar de con cachaça. En lugar
de mazar la lima, aplaste la mitad de un melocotón fresco con el azúcar.

caipirquila
Sustituya la cachaça por tequila y la lima por 2 granadillas. Machaque la pulpa
de la granadilla con la mitad del azúcar indicado en la receta básica. Las semillas
pueden dejarse o extraerse de la pulpa, como prefiera. Caliente la pulpa para que
las semillas puedan extraerse fácilmente.

variaciones

rum sour

véase receta básica en la página 141

lemon rum sour

Elabore la receta básica sustituyendo el zumo de lima por el zumo
de ½ limón. En lugar de decorar con piel de limón y de lima, sirva
con una rodajita de naranja y exprímala en el vaso antes de beberlo.

Amaretto rum sour

Elabore la receta básica, pero utilice 23 ml de ron y la misma cantidad de licor
Amaretto. Añada unas pocas gotas de angostura a la mezcla.

rum sour float

Elabore la receta básica, pero remueva el zumo de lima y el azúcar hasta que
esta última se disuelva. Viértalo en un vaso bajo lleno hasta tres cuartos de su
capacidad con cubitos de hielo, y vierta una última capa de ron. Remueva.

rum apple sour

Elabore la receta básica, pero utilice cantidades iguales de ron y licor Sour
Apple y añada 2 cucharaditas de triple seco o de curaçao de naranja. Eche
rodajas de manzana y naranja dentro de la bebida y prescinda de la cáscara
de limón y de lima.

rum apricot sour

Sustituya la mitad del ron por aguardiente de albaricoque.

variaciones

black russian

véase receta básica en la página 142

white russian
Deje flotar una capa de 30 ml de crema de leche ligeramente batida
o de leche de coco espesa sobre la bebida ya preparada.

tall black russian
Vierta el vodka y el kahlúa o el Tia Maria en un vaso *highball* y rellene
con refresco de cola.

black russian of irish extraction
Vierta el vodka y el Kahlúa o el Tia Maria en un vaso *highball* y añada
una capa de Guinness.

voodoo brew
Sustituya el vodka por ron blanco.

mexican brew
Sustituya el vodka por tequila.

variaciones

whiskey sour

véase receta básica en la página 145

sour whiskey frizz
Añada la mitad de un huevo ligeramente batido a la coctelera para dar a la bebida una capa final de espuma.

brandy sour
Sustituya el bourbon por brandy, y el limón y la cáscara de lima por una cereza marrasquino y una rodaja de naranja.

whiskey cola sour
Cuele la bebida en un vaso *highball* y rellene con refresco de cola.

whiskey ginger sour
Cuele la bebida en un vaso *highball* y rellene con ginger ale.

berry sour
Sustituya el bourbon por vodka puro y agite con los otros ingredientes añadiendo un chorrito de crema de cassis. Filtre el contenido de la coctelera en un vaso *highball* y rellene con zumo de arándanos.

lime shooter

véase receta básica en la página 146

vodka lime shooter
Sustituya el ron blanco por vodka.

minty lime shooter
Sustituya el zumo de naranja por la misma cantidad de crema de menta verde.

golden shooter
Utilice tequila en lugar de ron blanco y sustituya el zumo de naranja por néctar de mango.

bourbon shooter
Sustituya el ron blanco por bourbon.

lime slammer
Vierta el ron (o sustitúyalo por tequila) en un vaso de chupito y añada la misma cantidad de limonada y un chorrito pequeño de zumo de lima. Ponga la mano sobre la parte superior del vaso, sujételo firmemente y golpéelo sobre una superficie dura. La mezcla burbujeará, se volverá blanca y debe beberse de un solo trago.

variaciones

b-52

véase receta básica en la página 149

flaming b-52

Flamear un cóctel es un buen espectáculo, pero hágalo con precaución. Sustituya el Grand Marnier por ron añejo de alto contenido en alcohol (60-80 %) y utilice un recipiente resistente al calor. Llénelo hasta arriba, flamee la bebida justo antes de beberla.

b-53

Sustituya el Grand Marnier por vodka. Viértalo en primer lugar en el vaso, seguido del kahlúa y finalmente del Bailey's.

b-54

Sustituya el Grand Marnier por Amaretto Disaronno. Viértalo en primer lugar en el vaso, seguido del kahlúa y finalmente del Bailey's.

b-special

Sustituya el Bailey's por licor de crema Amarula. Viértalo en el vaso después del kahlúa y antes del Gran Marnier.

b-babana

Vierta en el siguiente orden capas de cantidades iguales de Amaretto Disaronno, crema de plátano, Amarula o Bailey's.

variaciones

americano

véase receta básica en la página 151

americano refresher
Vierta el Campari y el vermú en un vaso *highball* lleno hasta la mitad con hielo
y rellene con agua de soda para hacer una bebida larga.

americano *bianco*
Sustituya el vermú rojo por vermú blanco.

dry americano
Sustituya el vermú rojo por vermú blanco seco Noilly.

orange americano
Rellene con zumo de naranja en lugar de con soda: añada un chorrito
para hacer una bebida corta o más cantidad para hacer un cóctel largo
y refrescante.

lemon americano
Sustituya el vermú rojo por vermú blanco seco Noilly y añada un chorrito
de limonada.

cócteles veraniegos

El verano es el momento perfecto para disfrutar

de un cóctel frío y refrescante, y este capítulo tiene

combinados para todos los gustos: desde un Daiquiri

helado a un Pimm's bien frío y lleno de fruta,

un potente Julepe o un burbujeante Buck's Fizz

en una flauta.

white wine strawberry spritzer

véanse variaciones en la página 178

Macerar las fresas durante una hora en el vino da tiempo a que éste absorba su dulce y aromático sabor. Si quiere una bebida menos alcohólica, aumente la cantidad de agua mineral o de soda.

1 fresa grande o 2 fresas pequeñas troceadas
90 ml de vino blanco seco, como Pinot Grigio
1 chorrito de licor de crema de fresa
90 ml de agua mineral con gas o agua de soda
    bien fría
1 rodaja de kiwi

Ponga las fresas en una copa grande de vino o en un vaso *highball* y llénelo de vino blanco. Refrigere una hora, aplastando de vez en cuando. Añada la crema de fresa, remueva y rellene con agua mineral con soda. Decore el vaso con la rodaja de kiwi y sirva inmediatamente.

Para 1 persona

sangría

véanse variaciones en la página 179

Días relajantes en la piscina seguidos de románticas noches bajo las estrellas: no hay mejor modo de revivir los placeres de unas calurosas y descansadas vacaciones en España que con un vaso de esta refrescante bebida veraniega. Si va a preparar jarras de sangría para una fiesta, no las haga más de 2 horas antes de servirlas. Cubra las jarras con plástico alimentario para que el vino tinto no se oxide y la bebida se conserve.

cubitos de hielo
rodajas de fruta fresca, como limón, naranja,
    manzana, piña e higo
1 cucharada de brandy
90 ml de vino tinto bien frío
90 ml de limonada

Llene un vaso largo hasta la mitad con cubitos de hielo y añada las rodajas de fruta. Vierta el brandy y el vino tinto, y después, lentamente, la limonada. Remueva bien antes de beber.

Para 1 persona

bronx

véanse variaciones en la página 180

Se atribuye a Johnny Solon, barman del hotel Waldorf Astoria de Nueva York, la invención de este cóctel en 1906, cuando el establecimiento se llamaba solamente Waldorf y estaba situado en el lugar donde ahora se erige el Empire State Building. Un cliente le pidió una noche que le hiciera un cóctel nuevo y Johnny bautizó su combinado de ginebra, vermú y zumo de naranja con el nombre de «bronx». Cuando se le preguntó por qué, contestó que lo había inspirado una visita reciente al zoo del Bronx, donde había visto tantas criaturas extrañas que le era imposible distinguir entre el zoo y su bar.

60 ml de ginebra
2 cucharaditas de vermú rojo dulce
2 cucharaditas de vermú blanco seco
2 cucharadas de zumo de naranja natural
cubitos de hielo
rodajas de naranja y una cereza marrasquino
    para decorar

Ponga la ginebra, el vermú rojo, el vermú blanco y el zumo de naranja en una coctelera con cubitos de hielo. Agítela bien. LLene de hielo un vaso hasta tres cuartos de su capacidad y filtre el contenido de la coctelera. Sirva con un mezclador y una pajita, y decore el vaso con rodajas de naranja y una cereza marrasquino.

Para 1 persona

strawberry pimm's

véanse variaciones en la página 181

Una macedonia de frutas en un pichel es el modo en que muchos aficionados a Pimm's No. 1 piensan en esta bebida. Se trata de un cóctel de ginebra que cuenta con orígenes humildes, como especialidad del Oyster Bar del londinense James Pimm durante la década de 1840. Hoy es ubicuo en el calendario social inglés y se disfruta en las mejores fiestas de Henley, Ascot o Wimbledon. Las fresas frescas mezcladas con esta bebida tradicional le aportan un sabor refrescante y veraniego. Este cóctel, mezclado en un pichel, es ideal para fiestas al aire libre. Aumente las cantidades según el número de invitados que vaya a tener.

3-4 fresas troceadas
60 ml de Pimm's No. 1
Aproximadamente 180 ml
    de limonada

Para servir:
cubitos de hielo
rodajas de limón, naranja y manzana
fresas pequeñas, enteras
palitos o piel de pepino
hojas de menta fresca

Ponga las fresas troceadas en un pichel o en un vaso y vierta el Pimm's. Machaque las fresas con un mazo o el mango de una cuchara. Añada 4 o 5 cubitos de hielo y rellene con limonada. Remueva, eche las rodajas de limón, naranja y manzana, las fresas pequeñas enteras, los palitos o piel de pepino y las hojas de menta.

Para 1 persona

berry breeze

véanse variaciones en la página 182

Un modo relajante de contemplar la caída del sol en una tarde de finales del verano tras un día ajetreado.

3 fresas
6 moras
60 ml de ginebra
15 ml de crema de cassis
15 ml de jarabe de fresa
cubitos de hielo
120 ml de limonada
fresas y moras extra para decorar

Aplaste las fresas y las moras en una jarra medidora junto con la ginebra, la crema de cassis y el jarabe de fresa. Filtre el contenido en un vaso largo lleno hasta tres cuartos de su capacidad con cubitos de hielo y rellene con limonada. Sirva la bebida decorada con fresas y moras.

Para 1 persona

papaya frappé

véanse variaciones en la página 183

Disfrute de un refrescante sabor tropical con esta bebida larga y fría. Cuando compre fruta exótica, compruebe su grado de maduración oliéndola. Si el aroma es dulce y fragante, así es como sabrá; si no tiene aroma, lo más seguro es que tampoco sepa a mucho.

$1/4$ de papaya madura, pelada, sin semillas
    y troceada
1 cucharada de hielo picado
2 cucharadas de zumo de naranja natural
el zumo de $1/2$ lima
135 ml de cava
flores frescas para decorar

Ponga a triturar en un robot de cocina la papaya, el hielo picado, el zumo de naranja y el zumo de lima natural. Filtre la mezcla resultante en una flauta de champán y después vierta cuidadosamente el cava. Remueva y sirva el cóctel inmediatamente, decorado con una flor fresca exótica, como una orquídea.

Para 1 persona

mint julep

véanse variaciones en la página 184

El primer registro escrito del mint julep, que se tomaba por sus cualidades medicinales, data de 1803, cuando John Davis, inglés que trabajaba en Virginia como tutor en la mansión de una plantación sureña, escribió sobre «una bebida alcohólica que lleva menta y que los virginianos toman por la mañana». Hoy el mint julep se asocia cien por cien con el Kentucky Derby. Se beben más de 80.000 en los dos días que dura este acontecimiento anual.

4 hojas frescas de menta
1 cucharadita de azúcar extrafino
1 cucharadita de agua fría
hielo picado
60 ml de bourbon
hojas de menta para decorar

Ponga las hojas de menta en el fondo de un vaso *highball*. Añada el azúcar y el agua, y aplaste para que se desprenda el sabor de la menta. Vierta hielo picado en el vaso hasta tres cuartos de su capacidad. Añada el bourbon y sirva la bebida con una pajita y mezclador, decorada con hojas de menta.

Para 1 persona

pomegranate margarita

véanse variaciones en la página 185

No es sorprendente que muchos barmans se hayan atribuido la invención del cóctel Margarita, uno de los más famosos del mundo. El caso de Carlos *Danny* Herrera es seguramente uno de los más llamativos. A finales de los años 30, la artista estadounidense Marjorie King era cliente habitual del bar de Herrera en México. Marjorie era alérgica a todas las bebidas alcohólicas a excepción del tequila, pero no quería beberlo solo, y Danny se esforzaba por complacerla, hasta que una noche se le ocurrió mezclar tequila y Cointreau con zumo de lima natural y hielo picado. La bebida fue bautizada como Margarita, versión española del nombre de Marjorie.

120 ml de zumo de granada
1 chorrito de granadina para dar color (opcional)
30 ml de zumo de lima y una cantidad adicional
    para bañar el borde de la copa
sal marina fina o gruesa
15 ml de triple seco
30 ml de tequila
semillas de granada

Vierta el zumo de granada (y la granadina, si la va usar) en un recipiente poco hondo y métalo en el congelador hasta que se solidifique. Moje el borde de la copa de cóctel en zumo de lima y después báñela en sal hasta que quede recubierto. Bata el zumo de granada congelado hasta que se medio derrita. Póngalo en una coctelera con 30 ml de zumo de lima, el triple seco y el tequila. Agítela vigorosamente y cuele el contenido en la copa. Ponga unas pocas semillas de granada en la superficie de la bebida y sirva.

Para 1 persona

in the pink buck's fizz

véanse variaciones en la página 186

El Buck's con gas original, compuesto de dos tercios de champán y un tercio de zumo de naranja natural, lo creó tras la Primera Guerra Mundial un tal McGarry, barman en aquel momento del Buck's Club de Mayfair. Muy específico sobre las proporciones de su combinado, no hay duda de que habría fruncido el ceño ante el advenedizo que propuso añadirle un chorrito de granadina, pero el tono rosa resultante hace de este cóctel una bebida ultra romántica, perfecta para el día de San Valentín o una velada especial en casa.

aproximadamente 120 ml de champán
aproximadamente 60 ml de zumo de naranja
bien frío
1 chorrito de granadina

Enfríe bien el champán y el zumo de naranja. Vierta el zumo de naranja en una escarchada de champán hasta un tercio de su capacidad y rellénela despacio con champán. Añada un chorrito de granadina y sirva inmediatamente.

Para 1 persona

frozen banana daiquiri

véanse variaciones en la página 187

Dieciséis años después de que los primeros daiquiris se idearan en Cuba, en el bar La Floridita de la Habana le añadieron hielo picado, creando así el primer Daiquiri helado de la historia. Dependiendo del grado de maduración y el dulzor de la fruta que se use, habrá que añadir un poco de almíbar al cóctel una vez terminado.

45 ml de ron blanco
23 ml de licor de crema de plátano
4 cucharaditas de zumo de lima natural
$\frac{1}{2}$ plátano mediano, pelado y troceado
hielo picado
rodajas de lima y rodajas de plátano extra
     para decorar

Ponga el ron, la crema de plátano y el zumo de lima en el robot, añada el plátano troceado y triture unos 10 segundos. Añada 2-3 cucharadas de hielo picado y triture durante otros 30 segundos. Vierta la mezcla resultante en una copa de vino grande. Ponga un par de pajitas cortas en la copa y sirva el combinado decorado con una rodaja de lima y una rodaja de plátano en un lado.

Para 1 persona

variaciones

white wine strawberry spritzer

véase receta básica en la página 161

melon spritz
Sustituya las fresas por un poco de melón dulce troceado, y la crema de fresa por licor de melón.

just peachy spritz
Sustituya las fresas por un cuarto de melocotón amarillo pelado, y la crema de fresa por schnapps de melocotón.

strawberry elderflower spritz
Sustituya la crema de fresa por jarabe de flor de saúco, y utilice agua con gas de sabor a limón o lima. Decore la copa con un rizo de piel de cítrico en lugar del kiwi.

raspberry spritz
Macere en el vino 4 frambuesas suavemente machacadas en lugar de las fresas y sustituya la crema de fresa por crema de frambuesa o de cassis.

variaciones

sangría

véase receta básica en la página 162

sangría con gas
Sustituya la limonada por 30 ml de zumo de naranja y 60 ml de agua de soda
o agua mineral con gas. Endulce al gusto con un chorrito de almíbar.

sangría de manzana
Sustituya la limonada por zumo de manzana con gas.

sangría sunrise
En lugar de brandy, utilice licor de naranja, como Cointreau o Grand Marnier.

sangría tropical
Utilice ron blanco en lugar de brandy, y rodajas de lima y mango fresco
en lugar de limón, naranja, manzana e higo.

variaciones

bronx

véase receta básica en la página 165

dry bronx
Prescinda del vermú dulce e incremente la cantidad de vermú seco a 23 ml o 4 cucharaditas.

long cool bronx
Reduzca a la mitad las cantidades de ginebra, vermú dulce y vermú seco. Agite con el zumo de naranja y filtre la mezcla en un vaso alto con hielo. Rellene con soda o tónica.

vodka bronx
Sustituya la ginebra por vodka.

Johnny Solon's bronx
El bronx original no llevaba vermú seco. Se hacía agitando 75 ml de ginebra con 23 ml de vermú rojo dulce y 23 ml de zumo de naranja natural.

variaciones

strawberry pimm's

véase receta básica en la página 166

apple pimm's
Sustituya la limonada por zumo de manzana con gas.

raspberry and red currant pimm's
Aplaste 4 frambuesas y 2 manojos de grosellas rojas (quitándoles las ramitas) con Pimm's antes de rellenar con limonada. Sirva el cóctel decorado con un manojito de grosellas rojas en el borde del vaso.

pimm's with a punch
Potencie la mezcla añadiendo 15 ml de ginebra o de vodka junto con el Pimm's y la limonada.

winter pimm's
Como Pimm's No. 1 es una bebida veraniega, en invierno pruebe Pimm's No. 3, que está ligeramente especiada. Caliente 60 ml de Pimm's No. 3 con 180 ml de zumo de manzana, 2 clavos y la mitad de un trozo de canela en rama hasta que casi hiervan. Vierta la mezcla resultante en un pichel o un vaso largo resistente al calor, añada rodajas de naranja y manzana, y sirva.

variaciones

berry breeze

véase receta básica en la página 168

ginger breeze
Rellene con ginger ale en lugar de con limonada.

orchard breeze
Rellene con zumo de manzana con gas en lugar de con limonada.

elderflower breeze
En lugar de añadir limonada, añada 1 cucharada de jarabe de flor de saúco y rellene con agua mineral con gas o soda.

cherry breeze
Sustituya las fresas por 6 cerezas deshuesadas, y las moras por frambuesas. Aplástelas con la ginebra y sustituya la crema de cassis por crema de frambuesa, y el jarabe de fresas por kirsch. Filtre el contenido en un vaso alto con hielo y rellene con limonada o con soda. Sirva el cóctel decorado con cerezas y frambuesas frescas en lugar de fresas y moras.

variaciones

papaya frappé

véase receta básica en la página 169

mango frappé
Sustituya la papaya por la mitad de un mango maduro pelado y troceado.

lychee frappé
Sustituya la papaya por 4 lichis frescos pelados y deshuesados (o 4 lichis
en conserva escurridos).

watermelon frappé
Sustituya la papaya por una rodaja de sandía pelada, sin semillas y troceada.

coconut frappé
Sustituya la papaya por 90 ml de leche espesa de coco, y el zumo de naranja
por zumo de piña.

variaciones

mint julep

véase receta básica en la página 170

brandy mint julep
Sustituya el bourbon por coñac.

crème mint julep
En lugar de la receta básica, mezcle el bourbon con 15 ml de crema de menta verde o blanca y después viértalos en un vaso con hielo picado. Decore el cóctel con hojas de menta.

sour julep
Aplaste las hojas de menta con el azúcar y 30 ml de zumo de lima (en lugar de agua). Añada hielo picado y vierta encima el bourbon. Decore el cóctel con hojas de menta.

tequila julep
Sustituya el bourbon por tequila.

variaciones

pomegranate margarita

véase receta básica en la página 173

classic margarita
Recubra el borde de una copa como se indica en la receta básica. Ponga
60 ml de tequila en una coctelera con 30 ml de triple seco, 30 ml de zumo
de lima y una buena cantidad de cubitos de hielo. Agite vigorosamente. Filtre
el contenido de la coctelera en la copa. También puede poner los ingredientes
en un robot de cocina, añadir hielo picado, triturar y verter el contenido
directamente en la copa.

blue margarita
Siga las instrucciones del cóctel margarita clásico, pero sustituya el triple
seco por curaçao azul.

kiwi margarita
Escarche el borde de la copa con azúcar si lo prefiere. Ponga 30 ml de tequila,
60 ml de zumo de piña, 30 ml de triple seco, 30 ml de zumo de lima y un kiwi
pelado y troceado en el robot. Añada hielo picado y triture. Vierta la mezcla
resultante en la copa de cóctel.

peach margarita
Siga las instrucciones para elaborar el margarita de kiwi, pero sustituya el
kiwi por ½ melocotón maduro grande, pelado, o uno pequeño entero.

variaciones

in the pink buck's fizz

véase receta básica en la página 174

mr. Mcgarry buck's fizz
Elabore la receta básica prescindiendo de la granadina.

grapefruit fizz
Sustituya el zumo de naranja por zumo de pomelo amarillo o rosa y añada
la granadina o prescinda de ella, como prefiera.

pineapple fizz
Sustituya el zumo de naranja por zumo de piña y añada la granadina
o prescinda de ella, como prefiera.

tropical fizz
Sustituya el zumo de naranja por zumo de frutas tropicales, como mango,
papaya o sandía.

variaciones

frozen banana daiquiri

véase receta básica en la página 177

frozen strawberry daiquiri

Elabore la receta básica sustituyendo la crema de plátano por licor de fresa,
y el plátano por 4-5 fresas grandes partidas. Decore la copa con una fresa
entera en lugar de con las rodajas de lima y plátano.

frozen kiwi daiquiri

Elabore la receta básica sustituyendo la crema de plátano por licor de kiwi
y el plátano por 1 kiwi pelado. Decore la copa con una rodaja de kiwi en lugar
de con las rodajas de lima y plátano.

frozen mango daiquiri

Elabore la receta básica sustituyendo la crema de plátano por licor de mango,
y el plátano por la mitad de un mango maduro y troceado. Decore la copa
con una sola rodaja de lima.

minted berry daiquiri

Elabore la receta básica sustituyendo la crema de plátano por crema
de frambuesa, y el plátano por ½ taza de bayas variadas, como fresas,
frambuesas, arándanos y moras. Decore la copa con un manojo de menta
en lugar de hacerlo con las rodajas de lima y plátano.

sabores tropicales

¿Acaba de volver de las vacaciones de su vida?

Reviva esos momentos mágicos en una playa

blanquísima agitando una tormenta de sabores

tropicales. Tanto si es una piña colada como un mai

tai, un mojito o un zombie «day-of-the-dead», estará

sujetando en la mano una copa de paraíso.

hurricane janet

véanse variaciones en la página 202

Un huracán podría parecer un motivo de celebración poco probable, pero la gran tormenta que sacudió la isla caribeña de Granada en 1955 inspiró esta genial bebida festiva. Un cóctel similar, con coco añadido a la mezcla, proviene de la misma isla y se llama Analgésico.

45 ml de ron dorado
45 ml de ron blanco
60 ml de zumo de piña
120 ml de zumo de naranja
el zumo de media lima
1 chorrito de granadina
cubitos de hielo
1 rodaja de fruta tropical

Ponga el ron dorado, el ron blanco, el zumo de piña, el zumo de naranja y la granadina en una coctelera. Agítela bien. Llene hasta la mitad un vaso *highball* o una copa de cóctel con cubitos de hielo y filtre encima el contenido de la coctelera. Sirva con una pajita y decore con una rodaja de fruta tropical, como piña, mango o papaya.

Para 1 persona

piña colada

véanse variaciones en la página 203

El primer registro escrito de una bebida llamada Piña Colada apareció en la edición de diciembre de 1922 de la revista *Travel*. El cóctel era entonces simplemente zumo de piña natural, hielo, azúcar, zumo de lima y ron blanco, agitados y filtrados sobre una copa. Ramón Marrero *Monchito* es uno de los varios barmans que se atribuyen la idea de añadir leche de coco. En Puerto Rico hay una placa que afirma que él sirvió la primera Piña Colada moderna en el bar del hotel Caribe Hilton, el 15 de agosto de 1954, tras pasar tres meses perfeccionando su mezcla.

30 ml de ron blanco
60 ml de leche de coco espesa
120 ml de zumo de piña
hielo picado
1 rodaja de piña para decorar

Ponga el ron blanco, la leche de coco y el zumo de piña en el robot con 2-3 cucharadas de hielo picado. Triture hasta que quede una mezcla fina. Viértala en una copa de cóctel y sírvala con una pajita. Decore el cóctel con una rodaja de piña.

Para 1 persona

mai tai

véanse variaciones en la página 204

En 1944, Victor Bergeron, más conocido en el mundo de la restauración como *Trader Vic*, se sentó una tarde con el barman de su restaurante polinesio de Oakland, California, y entre los dos decidieron inventar una nueva bebida. La mezcla resultante fue ron jamaicano, zumo de lima, jarabe de almendras, curaçao naranja y azúcar. Quienes lo probaron exclamaron inmediatamente: «¡Mai tai, roa ae!», que como cualquiera que hable tahitiano le puede decir, significa «fuera de este mundo».

60 ml de ron dorado
15 ml de curaçao naranja
el zumo de 1 lima
2 cucharaditas de jarabe de almendras
1 cucharadita de granadina (opcional)
hielo picado
rodajas de lima y 1 manojo de menta
    para decorar

Ponga el ron, el curaçao naranja, el zumo de lima, el jarabe de almendras y la granadina en una coctelera. Agítela vigorosamente. Filtre el contenido en un vaso lleno de hielo picado hasta la mitad y sírvalo decorado con rodajas de lima y un manojo de menta. Añada un mezclador y una pajita.

Para 1 persona

zombie

véanse variaciones en la página 205

Don Beach creó el cóctel Zombie en 1934 en su restaurante Beachcomber de Hollywood tras preguntarle a un cliente con resaca cómo se sentía. Sus exóticos combinados se hicieron legendarios, y no hay duda de que sus clientes asiduos le proporcionaron inspiración para muchos de ellos, aunque no se ha demostrado que hubiera ningún misionero entre ellos para inspirar el llamado Misionary's Downfall (piña natural, zumo de lima, menta, ron y brandy de melocotón). El Zombie original era una mezcla de 11 ingredientes distintos, incluida una capa final de ron de alta graduación (75,5 % de alcohol). La receta que damos aquí es una versión ligeramente simplificada… y un poco menos letal.

15 ml de ron añejo
15 ml de ron dorado
15 ml de ron blanco o ron de coco Malibú
23 ml de brandy de albaricoque
10 ml de zumo de lima
60 ml de zumo de piña
1 cucharadita de almíbar
hielo picado o cubitos de hielo
1 rizo de piel de lima para decorar

Ponga todos los ingredientes (excepto el hielo) en una coctelera y agítela vigorosamente. Vierta el contenido en una copa llena hasta la mitad de hielo picado o cubitos de hielo y remueva bien. Decore la copa con un rizo de piel de lima.

Para 1 persona

planter's punch

véanse variaciones en la página 206

Este nombre genérico alude a una amplia variedad de ponches de ron sencillos pero potentes, que se sirven por todas las islas de las Indias Occidentales. El ron se mezcla con zumos de frutas distintas y a veces se potencia con especias del país, como la nuez moscada o la cayena. La primera referencia a este ponche está en un poema que apareció en *The New York Times* el 8 de agosto de 1908, en el que se ensalzaban las cualidades de una potente bebida hecha con ron jamaicano añejo.

2 cucharadas de zumo de lima
2 cucharadas de almíbar
90 ml de ron negro
1 chorrito de angostura
hielo picado
trozos de fruta para decorar

Ponga el zumo de lima, el almíbar y la angostura en una coctelera con 2-3 cucharadas de hielo picado y agite vigorosamente. Vierta sin filtrar el contenido de la coctelera en una copa y decórela con trozos de fruta ensartados en un palito de cóctel. Sirva el cóctel con una pajita.

Para 1 persona

batida de fruta tropical

véanse variaciones en la página 207

La batida es un cóctel brasileño en el que se emplea la cachaça, bebida nacional, con azúcar y distintas frutas tropicales. Casi todas las mezclas de fruta funcionan. También puede sustituirse la cachaça por vodka o ron blanco.

$^1/_4$ de mango pelado y cortado en rodajas
$^1/_4$ de papaya pelada, sin semillas y cortada
   en rodajas
60 ml de cachaça
3 cucharadas de hielo picado
agua mineral

Ponga el mango y la papaya en el robot; añada la cachaça y el hielo picado; triture hasta que quede una mezcla fina. Viértala en una copa de cóctel y rellene con agua mineral con o sin gas. Sirva con una pajita.

Para 1 persona

jamaican rum punch

véanse variaciones en la página 208

En Jamaica hay muchas mezclas en las que se emplea la bebida del país, todas diseñadas para incitar a visitantes y lugareños por igual a relajarse cuando el sol se pone.

el zumo de 2 limas
30 ml de zumo de naranja
30 ml de zumo de piña
2 cucharadas de granadina
60 ml de ron blanco
cubitos de hielo o hielo picado
rodajas de naranja, lima y piña para decorar

Ponga el zumo de lima, el zumo de naranja, el zumo de piña, la granadina, el ron y una buena cantidad de hielo en la coctelera. Filtre vigorosamente. Cuele la mezcla resultante en un vaso y sirva el cóctel decorado con rodajas de naranja, lima y piña.

Para 1 persona

mojito

véanse variaciones en la página 209

Junto con los puros, el Mojito es una de las exportaciones más famosas de Cuba. Su nombre proviene de la palabra africana *mojo*, que significa «lanzar un pequeño hechizo». Se sabe que Ernest Hemingway tomaba algún Mojito que otro en La Bodeguita del Medio de la Habana, y James Bond hizo otro tanto en *Muere otro día*.

4 hojas de menta o dos manojos, y una cantidad
   adicional para decorar
1 cucharadita de azúcar extrafino o almíbar
el zumo de 1 lima
60 ml de ron blanco
cubitos de hielo
agua de soda
1 rodaja de lima y una rodaja de fruta en forma
   de estrella

Ponga las hojas de menta, el azúcar extrafino o el almíbar y el zumo de lima en un recipiente para mezclar o directamente en un vaso largo. Macháquelo todo hasta que el azúcar se disuelva y la menta desprenda su esencia. Llene un vaso con los cubitos de hielo, añada el ron y remueva bien. Si está usando un recipiente para mezclar, filtre o vierta la mezcla en el vaso y rellene con soda. Sirva el cóctel decorado con una rodaja de lima, una rodaja de carambola y un manojo de menta.

Para 1 persona

variaciones

hurricane janet

véase receta básica en la página 189

tropical storm
En lugar de ron dorado y blanco, utilice sólo ron dorado o una mezcla de dorado y añejo. Prescinda del zumo de naranja y añada 120 ml de zumo de piña.

force 8 gale
Triture los ingredientes con 2-3 cucharadas de hielo picado. Vierta la mezcla resultante en una copa refrigerada.

calm after the storm
Para lograr una bebida menos alcohólica, reduzca la cantidad de ron a la mitad e incremente la cantidad de zumo de piña en 45 ml.

rough seas
Sustituya la granadina por un chorrito de curaçao azul.

pain killer
Prescinda de la granadina y añada 30 ml de leche de coco. Sirva con un poquito de nuez moscada recién rallada espolvoreada por encima.

variaciones

piña colada

véase receta básica en la página 190

malibú colada
Potencie la bebida añadiendo 30 ml de Malibú al robot con el resto de los ingredientes.

chi chi
Sustituya el ron blanco por vodka, puro o con sabor a vainilla.

piña colada al Amaretto
Añada 23 ml de Amaretto Disaronno al robot de cocina con el resto de los ingredientes.

colada vespertina
Para obtener una bebida más aromática, utilice ron añejo en lugar de blanco.

mango colada
Añada la mitad de un mango pelado y troceado al robot con el resto de los ingredientes. Aumente la cantidad de zumo de piña a 240 ml, o un poco más si la bebida queda demasiado espesa.

variaciones

mai tai

véase receta básica en la página 193

long mai tai
Filtre la mezcla en un vaso *highball* bien frío con 4 o 5 cubitos de hielo y rellene con zumo de piña.

apricot mai tai
Añada 15 ml de brandy de albaricoque a la coctelera con el resto de los ingredientes.

orange mai tai
Añada 15 ml de zumo de naranja a la mezcla de la coctelera o vierta la mezcla en un vaso largo con hielo y rellene con zumo de naranja.

mango mai tai
Añada 1 cucharada de néctar de mango a la coctelera con el resto de los ingredientes y prescinda de la granadina.

vodka mai tai
Sustituya el ron dorado por vodka y añada 30 ml de zumo de naranja a la mezcla.

zombie

véase receta básica en la página 194

orange zombie
Reduzca la cantidad de zumo de lima a sólo un chorrito, aumente la cantidad de zumo de piña a 90 ml y añada la misma cantidad de zumo de naranja.

cherry & almond zombie
Sustituya el brandy de albaricoque por brandy de cerezas, y el almíbar por jarabe de almendras.

beginner's zombie
Beber demasiados Zombies puede convertir a una persona en un muerto viviente, sin duda. Por eso, si quiere un cóctel más ligero, reduzca la cantidad de ron a la mitad -utilice sólo blanco o dorado- y multiplique por tres la cantidad de zumo de piña o sustitúyalo por zumo de naranja.

dead man's chest zombie
Los juerguistas con una vena de locura pueden añadir ron de alto contenido en alcohol en lugar de ron dorado.

south sea island zombie
Sustituya el zumo de piña por zumo de papaya y añada en el vaso una mezcla de frutas tropicales troceadas, como mangos, papayas, piña y plátano.

variaciones

planter's punch

véase receta básica en la página 196

knock-out punch
Sirva el ponche espolvoreado con cayena y nuez moscada recién molida.

long, cool punch
Reduzca la cantidad de ron a la mitad. Sirva el ponche en un vaso largo
y rellene con agua de soda.

puerto rican planter's punch
Reduzca la cantidad de ron negro a la mitad, agite con el resto de los
ingredientes (prescindiendo del hielo picado) y vierta la mezcla sin filtrar en
un vaso largo. Añada cubitos de hielo, un chorrito de soda y vierta una última
capa de 1-2 cucharadas de ron de 75,5 %.

orange planter's punch
En lugar de hacer la receta básica, agite 60 ml de ron añejo en una coctelera
con 1 cucharadita de zumo de lima y 60 ml de zumo de naranja. Filtre la
mezcla en un vaso lleno de cubitos de hielo y sirva con un mezclador.

white planter's punch
Vierta 1 cucharada de almíbar y 60 ml de ron blanco en un vaso. Añada una
tira de piel de lima retorciéndola para que desprenda su esencia. Incorpore
cubitos de hielo y rellene con agua mineral con o sin gas al gusto.

variaciones

batida de fruta tropical

véase receta básica en la página 197

batida de sandía
Sustituya el mango y la papaya por una raja pequeña de sandía pelada
y sin semillas.

batida de guayaba y lichis
Sustituya el mango y la papaya por una guayaba pelada y sin semillas
y dos lichis pelados y deshuesados (o dos lichis en conserva escurridos).

batida de kiwi
Sustituya el mango y la papaya por un kiwi pelado y troceado.

batida de fresas
Sustituya el mango y la papaya por 4-5 fresas maduras (dependiendo
del tamaño).

batida de papaya y vodka
Prescinda del mango y doble la cantidad de papaya. Sustituya la cachaça por
la misma cantidad de vodka. Añada el zumo de media lima y 2 cucharaditas
de almíbar. Triture todos los ingredientes con el hielo picado hasta que quede
una mezcla fina. Viértala en un vaso y rellene con agua mineral.

variaciones

jamaican rum punch

véase receta básica en la página 198

the gleaner
Vierta 60 ml de ron jamaicano en un vaso lleno hasta la mitad con hielo picado, 1 cucharadita de almíbar, una rodaja de piña y una de naranja.

trinidadian rum punch
Agite 90 ml de ron añejo con una cucharada de granadina, 1 cucharadita de almíbar, el zumo de 1 lima y el zumo de medio limón. Filtre la mezcla resultante en un vaso con hielo.

antiguan rum punch
Agite 90 ml de ron blanco, el zumo de 1 lima y 1 cucharadita de almíbar. Filtre la mezcla en un vaso largo con hielo y rellene con soda.

grenadan rum punch
Agite 90 ml de ron añejo, 45 ml de zumo de limón y 2 cucharadas de granadina. Vierta la mezcla en un vaso largo con hielo y rellene con soda.

bajan rum punch
Ponga el zumo de lima en una jarra con dos cucharadas de almíbar, 90 ml de ron de Barbados y 120 ml de agua mineral sin gas. Remueva bien. Vierta la mezcla en un vaso largo lleno de hielo y añada un chorrito de angostura. Espolvoree un poquito de nuez moscada recién rallada.

variaciones

mojito

véase receta básica en la página 201

mojito de frambuesas y lichis
Machaque 1 lichi pelado, deshuesado y troceado (o 1 lichi en conserva escurrido) y 4 frambuesas con la menta, el azúcar y el zumo de lima, pero hágalo en el vaso en lugar de en la jarra para que pueda disfrutar de la fruta.

mojito de fresas y pimienta negra
Prepare el Mojito de lichis, pero utilice 2-3 fresas troceadas y 2 pizcas de pimienta negra molida.

mojito de mango
Prepare el Mojito de lichis, pero machaque en el vaso 1 cucharada de pulpa troceada de mango maduro con la menta, el azúcar y el zumo de lima.

mojito de moras
Prepare el Mojito de lichis, pero machaque 5 moras en el vaso con la menta, el azúcar y el zumo de lima.

mojito royale
Machaque la menta, el azúcar y el zumo de lima en una coctelera, añada la mitad del ron y agite bien. Cuele la mezcla en una flauta de champán, rellene con champán bien frío y sirva el cóctel decorado con un manojo de menta.

bebidas calientes y cócteles invernales

Mantenga a raya las noches invernales con un

revitalizante tazón de vino caliente especiado

o un ponche de manzana y remate una cena

relajante con un copa de Gaelic coffee, un

chocolate caliente auténtico o un llamativo Pousse

café. Cualquiera de estos cócteles hará desvanecer,

sin duda, la melancolía invernal.

spiced hot toddy

véanse variaciones en la página 224

Si se siente indispuesto, con este combinado volverá a ser usted mismo en un abrir y cerrar de ojos. Utilice miel clara e incorpórela a los otros ingredientes calentándolos a fuego lento hasta que se disuelva.

138 ml de zumo de manzana
30 ml de schnapps de manzana
1 cucharadita de miel
1 fruto de anís estrellado
rodajas de manzana para decorar

Ponga el zumo de manzana, el schnapps de manzana y el anís estrellado en un cazo pequeño a fuego lento sin que llegue a hervir, removiendo hasta que la miel se disuelva. Deje enfriar la mezcla durante 1 minuto y después viértala en un vaso. Sírvala con un par de rodajas de manzana dentro de la bebida.

Para 1 persona

gaelic coffee

véanse variaciones en la página 225

Qué mejor modo de rematar una comida invernal que relajarse bebiendo una copa
de Gaelic coffee, saboreando cada sorbo del café caliente a través de la crema
suculenta y deliciosa nata. Dos consejos para asegurarse de que la crema flote:
la mezcla de café y whisky debe endulzarse, y la nata debe verterse muy despacio sobre
el mango de una cuchara para que se quede en la superficie y no se hunda en el café.

30 ml de whisky irlandés
1 cucharadita de azúcar moreno blando
120 ml de café negro fuerte y caliente
aproximadamente 60 ml de crema de leche
    espesa fría

Caliente una copa de cóctel o globular. Añada el whisky y el azúcar, vierta el café caliente
y remueva hasta que el azúcar se disuelva. Vierta lentamente la crema en la copa sobre
el mango de una cuchara y déjelo reposar durante unos minutos para dar tiempo a que
la crema flote en la superficie antes de servir.

Para 1 persona

mulled wine

véanse variaciones en la página 226

Más que una bebida individual, esta preparación es muy apropiada para asegurar una cálida acogida a los invitados en Navidad o Año Nuevo. No lo caliente en exceso para evitar que se evapore demasiado alcohol; apártela del fuego cuando rompa a hervir. Una vez hecha, déjela sobre una llama a fuego lento para que se mantenga caliente sin hervir.

240 ml de agua
$2/3$ de taza de azúcar extrafino
2 naranjas pequeñas o 3 clementinas
    con 4 o 5 clavos
1 limón en rodajas
2 trozos de canela en rama
1 botella de vino tinto seco
$1/2$ botella de oporto rojo
nuez moscada recién molida para servir

Ponga el agua en un cazo grande. Añada el azúcar, las naranjas o clementinas y las rodajas de limón. Caliente a fuego lento hasta que el azúcar se disuelva. Añada entonces la canela, el vino y el oporto y caliente a fuego lento hasta que hierva. Apártelo del fuego y sírvalo muy caliente con nuez moscada espolvoreada por encima.

Para 1 persona

chocolate caliente auténtico

véanse variaciones en la página 227

Merece la pena comprar chocolate de buena calidad con aproximadamente el 70 % de cacao para que esta bebida de guardería resulte satisfactoria y suculenta para un adulto. Sorba el chocolate a través de la crema batida o remueva y deje que se disuelva, como prefiera.

60 g de chocolate negro troceado
210 ml de leche
30 ml de licor de crema de cacao blanca
azúcar o almíbar al gusto
Para servir:
crema batida
chocolate rallado

Ponga el chocolate a derretir en un cazo al baño maría o en el microondas. Remueva hasta que esté liso. Caliente la leche hasta que hierva, vierta un poco en el chocolate y bata hasta que se mezclen. Incorpore gradualmente el resto de la leche, después el licor de crema de cacao y vierta la mezcla resultante en un tazón. Pruébelo y endúlcelo con un poco de azúcar o de almíbar si es necesario. Corone con la crema batida y el chocolate rallado.

Para 1 persona

brandy alexander

véanse variaciones en la página 228

A comienzos del siglo xx era popular un cóctel de ginebra que se llamaba simplemente Alexander. Se dice que el brandy alexander se creó en 1922: fue la bebida que se tomó después del banquete celebrado con ocasión del enlace, en Londres, de la Princesa Real y el vizconde Lascelles.

30 ml de licor de crema de cacao marrón
30 ml de crema de leche espesa
30 ml de coñac
cubitos de hielo
nuez moscada rallada, para servir

Vierta el licor de crema de cacao y la crema en una coctelera, añada el coñac y una buena cantidad de hielo y agite vigorosamente. Filtre la mezcla resultante en una copa de coñac y espolvoree un poco de nuez moscada rallada.

Para 1 persona

night owl

véanse variaciones en la página 229

Café, naranja y crema: tres ingredientes que componen una bebida irresistible para finalizar una comida, especialmente en los fríos meses invernales, cuando uno se arrellana en el sofá al lado del fuego. Los tres ingredientes pueden agitarse juntos, o la crema puede dejarse flotar al final.

30 ml de Tia Maria o kahlúa
30 ml de triple seco
30 ml de crema de leche ligera
cubitos de hielo (opcional)

Ponga el Tía Maria, el triple seco y la crema dentro de una coctelera con o sin cubitos de hielo. Agite vigorosamente. Filtre la mezcla resultante en un vaso pequeño y sirva inmediatamente.

Para 1 persona

pousse café

véanse variaciones en la página 230

Los cócteles por capas no sólo son llamativos, sino que también funcionan muy bien para después de una comida. Cada licor tiene una densidad diferente, de modo que si el líquido más pesado se vierte en primer lugar en el vaso, seguido por el segundo más pesado, el tercero, etc., y se termina con el más ligero, los líquidos individuales quedan separados formando un combinado multicolor. En términos generales, los jarabes y las bebidas dulces son los más pesados, los licores de sabores están en el medio y los aguardientes son los más ligeros; pero es posible que haya que experimentar primero, puesto que la densidad de cada licor puede variar de un fabricante a otro.

10 ml de granadina
10 ml de licor de crema de menta verde
10 ml de curaçao azul
10 ml de Benedictine
10 ml de brandy

Vierta los ingredientes en un vaso de chupito o de jerez en el orden indicado más arriba. Vierta la granadina en el vaso. Para las siguientes capas, vierta cada líquido en una jarrita pequeña primero, y después viértalo muy despacio en el vaso sobre el mango de una cuchara para que flote sobre la capa inferior. Deje que las capas se asienten unos momentos antes de servir. La bebida se puede hacer con antelación y refrigerarse hasta que la vaya a servir.

Para 1 persona

rusty nail

véanse variaciones en la página 231

El Drambuie es un licor de whisky escocés con sabor a miel, así que no sorprende saber que este término gaélico se traduzca como «la bebida que satisface». Sirva este cóctel con hielo o solo, como lo prefiera.

60 ml de whisky escocés
30 ml de Drambuie
1 rizo de piel de limón para decorar

Vierta el whisky en un vaso bajo con o sin hielo, como lo prefiera. Añada el Drambuie y remueva bien. Eche un rizo de piel de limón dentro de la bebida y sirva.

Para 1 persona

variaciones

spiced hot toddy

véase receta básica en la página 211

spiced orange toddy
Sustituya el zumo de manzana por zumo de naranja, y el schnapps de manzana por Cointreau. Sirva con una rodaja de naranja.

spiced cranberry peach toddy
Sustituya el zumo de manzana por zumo de arándanos, y el schnapps de manzana por schnapps de melocotón. Sirva con un par de rodajas de melocotón.

spiced grapefruit toddy
Sustituya el zumo de manzana por zumo de pomelo, y el schnapps de manzana por vodka puro o con sabor a pomelo. Sirva con unos gajos de pomelo.

spiced pineapple toddy
Sustituya el zumo de manzana por zumo de piña, y el schnapps de manzana por ron dorado. Sirva con una rodajita de piña en lugar de con las de manzana.

spiced cherry toddy
Sustituya el schnapps de manzana por aguardiente de cerezas o kirsch. Sirva con una cereza marrasquino en un palito de cóctel.

variaciones

gaelic coffee

véase receta básica en la página 212

calypso coffee
Sustituya el whisky irlandés por Tia Maria.

normandy coffee
Sustituya el whisky irlandés por Calvados.

italian coffee completo
Sustituya el whisky irlandés por grappa.

tokyo coffee
Sustituya el whisky irlandés por sake.

russian coffee
Sustituya el whisky irlandés por vodka.

variaciones

mulled wine

véase receta básica en la página 215

gluhwein

Sustituya el oporto por vino tinto y añada 240 ml de zumo de naranja. Añada 3 clavos y 6 granos de pimienta de Jamaica, 1 vaina de vainilla y la canela. Sirva con uvas pasas en lugar de con nuez moscada.

julglogg

Sustituya en el Gluhwein, el zumo de naranja por ginebra.

the bishop

Ponga las naranjas y las clementinas en un cazo. Añada 1 ½ botella de oporto rojo, 2 tazas de agua y 60 gr de azúcar extrafino. Eche la canela y hierva.

ponche de ron con especias

Ponga 1 taza de agua en un cazo con 200 g de azúcar moreno, la cáscara de 2 naranjas y un limón. Caliente hasta que el líquido se reduzca a la mitad. Viértalo en otro cazo, añada el zumo de 2 naranjas y un limón, la canela y 237 ml de ron añejo. Hiérvalo a fuego lento.

mulled ale

Ponga la cáscara de un limón y su zumo en un cazo. Añada 240 ml de cerveza ligera, 4 cucharadas de brandy, 4 cucharadas de ron añejo, ½ taza de agua, 2 cucharadas de azúcar moreno y 2 trozos de canela. Caliéntelo.

variaciones

chocolate caliente auténtico

véase receta básica en la página 216

chocolate caliente mentolado
Sustituya el licor de crema de cacao blanca por licor de crema de menta blanca y sirva la bebida espolvoreada con chocolate a la menta rallado.

chocolate caliente con naranja
Sustituya el licor de crema de cacao blanca por Cointreau y sirva la bebida espolvoreada con chocolate a la naranja rallado.

chocolate caliente con coñac
Sustituya el licor de crema de cacao blanca por coñac.

chocolate caliente con moca
Sustituya el licor de crema de cacao blanca por kahlúa o Tía Maria.

chocolate caliente con coco
Sustituya el licor de crema de cacao blanca por Malibú y sirva la bebida espolvoreada con coco seco, rallado y tostado.

variaciones

brandy alexander

véase receta básica en la página 218

choc-topped brandy alexander
Sirva la bebida en una copa de cóctel baja y de boca ancha. Antes de verter la bebida, frote el borde de la copa con una rodaja de limón y pásela por el chocolate negro rallado.

white brandy alexander
Sustituya el licor de crema de cacao marrón por licor de crema de cacao blanca.

brandy alexander frozen smoothie
Ponga el licor de crema de cacao y el coñac en el robot y añada 120 ml de helado de vainilla. Triture hasta que quede una mezcla cremosa y fina, y después viértalo en una copa de coñac.

amaretto alexander
Sustituya el coñac por Amaretto Disaronno y doble la cantidad de crema.

apricot alexander
Sustituya el coñac por aguardiente de albaricoque.

variaciones

night owl

véase receta básica en la página 219

owl with a night cap
Vierta el Tia Maria y el triple seco en una copa pequeña. Sustituya la crema ligera por espesa y forme una capa sobre la superficie de la bebida.

long cool night owl
Agite los ingredientes juntos sin hielo. Vierta la mezcla en un vaso bajo con hielo. Sirva con un mezclador.

amaretto night owl
Sustituya el triple seco por Amaretto Disaronno.

spirit of the night
Sustituya el triple seco por vodka con sabor a mandarina o naranja.

mocha night owl
Sustituya el triple seco por licor de crema de cacao blanca o marrón.

variaciones

pousse café

véase receta básica en la página 221

independence day
Para una celebración del 4 de julio o de la Toma de la Bastilla, vierta por capas y por este orden granadina, licor de crema de menta blanca y curaçao azul.

you've passed
Celebre haber aprobado el examen de conducir con un combinado «traffic light» de capas de granadina, Galliano y licor de melón.

coffee, peaches & crean
Para una bochornosa tarde de verano, prepare un combinado de capas con kahlúa muy frío, schnapps de melocotón y Bailey's.

bellissimo
Remate una comida italiana con un combinado tricolor: granadina, Amaretto Disaronno y Chartreuse verde.

give thanks
Celebre el Día de Acción de Gracias con un combinado de capas de schnapps de melocotón, zumo de arándanos y, por último, vodka.

rusty nail

véase roceta básica en la página 222

vodka rusty nail
Sustituya el whisky por la misma cantidad de vodka.

auld nick
Agite la mitad de las cantidades de whisky y Drambuie con 1 cucharada de zumo de naranja y 1 cucharada de zumo de limón. Filtre la mezcla resultante en un vaso bajo con hielo y decore con un rizo de piel de limón.

isle of skye
Agite 30 ml de Drambuie, 30 ml de ginebra y 30 ml de zumo de limón. Sírvalo solo o con hielo, y decorado con un rizo de piel de limón.

rob roy
Mezcle o agite el whisky con 15 ml de vermú blanco seco, 1 chorrito de angostura y media cucharadita de almíbar de un tarro de cerezas marrasquino. Filtre la mezcla resultante en una copa de cóctel bien fría decorada con una cereza.

malted martini
Mezcle o agite 60 ml de vodka con 15 ml de whisky de malta (los ahumados maltas de Islay funcionan bien). Cuele la mezcla en una copa. Sirva el combinado con una aceituna en un palito de cóctel.

cócteles
sin alcohol

Si bebe, no conduzca, ya lo sabe; pero cuando

le toque a usted llevar el coche de vuelta a casa

tras una fiesta, no es necesario que se pierda toda

la diversión. Estas fantasías no alcohólicas saben

tan bien como sugiere su aspecto y le animarán

en cualquier ocasión.

pussyfoot

véanse variaciones en la página 248

Es un cóctel sin alcohol que data de los años 20 y la época de la Ley Seca. Recibe su nombre de William E. *Pussyfoot* Johnson, un activista anti-alcohol que luchó encarnizadamente para convencer a sus congéneres de las maldades del alcohol. Sin embargo, las cosas no eran como aparentaban: en 1926 el señor Johnson se vio obligado a admitir que para lograr la fortaleza que le permitiera perseverar en su campaña había tenido que beber «litros de alcohol».

30 ml de zumo de naranja
30 ml de zumo de lima
30 ml de zumo de limón
1 chorrito de granadina
1 yema de huevo (de corral)
cubitos de hielo
1 rizo de piel de lima para decorar

Vierta el zumo de naranja, el zumo de lima, el zumo de limón, la granadina y una yema de huevo en una coctelera con una buena cantidad de cubitos de hielo. Agite vigorosamente. Filtre la mezcla sobre una copa de vino y sirva la bebida con un rizo de piel de lima.

Para 1 persona

ice bite

véanse variaciones en la página 249

Este cóctel largo y frío de tonalidad rosa es perfecto para un día de verano. Si lo hace para un picnic, ponga los ingredientes en termos con hielo y agite bien antes de servirlo.

60 ml de zumo de pomelo rosa
120 ml de zumo de arándanos
el zumo de ¹/₂ lima
hielo picado

Ponga el zumo de pomelo, el zumo de arándanos y el zumo de lima en una coctelera. Agite bien. Llene un vaso largo con hielo picado y vierta la bebida.

Para 1 persona

lime, mint & lemongrass sparkler

véanse variaciones en la página 250

La fragante menta combinada con la exótica hierba limonera y el zumo de manzana con gas dan lugar a una bebida larga, deliciosa y refrescante.

4 ramitas de menta
$^1/_2$ tallo de hierba limonera, sin las hojas duras
    exteriores y finamente troceada
1 cucharada de jarabe de lima Rose's
    (o mezcle cantidades iguales de almíbar
    y zumo de lima natural)
cubitos de hielo
zumo de manzana con gas
rodajas de manzana y 1 rodaja de lima
    para decorar

Ponga la menta y la hierba limonera en un vaso largo con el zumo de lima y macháquelas para que se desprendan las esencias. Llene el vaso de hielo hasta la mitad y rellene con el zumo de manzana con gas. Sirva la bebida decorada con rodajas de manzana y 1 rodaja de lima.

Para 1 persona

piña colada sin alcohol

véanse variaciones en la página 251

Sirva con mucho hielo esta cremosa y refrescante versión de piña colada sin alcohol.

½ plátano pelado y troceado
210 ml de zumo de piña
90 ml de leche de coco
hielo

Ponga el plátano, el zumo de piña y la leche de coco en el robot. Tritúrelos hasta que quede una mezcla fina y cremosa. Viértala en un vaso largo lleno de hielo hasta la mitad y sirva con una pajita.

Para 1 persona

kiwi crush

véanse variaciones en la página 252

Esta bebida, servida en una copa de cóctel con el borde escarchado de azúcar, dibujará una sonrisa en la cara de los adolescentes deseosos de emular a sus hermanos mayores y en la de quienes tengan que conducir para volver a casa y quieran participar del espíritu de la fiesta sin tomar alcohol.

1 rodaja de lima
azúcar extrafino
1 cucharada de zumo de lima natural
$^{1}/_{2}$ cucharadita de almíbar al gusto
1 kiwi pelado y troceado
60 ml de zumo de manzana

Frote el borde de una copa de cóctel con la rodaja de lima y páselo por el azúcar extrafino hasta que quede cubierto de manera uniforme. Ponga el zumo de lima, el almíbar, el kiwi troceado y el zumo de manzana en el robot y triture hasta que obtenga una mezcla uniforme. Vierta la mezcla en una copa de martini y sirva inmediatamente.

Para 1 persona

shirley temple

véanse variaciones en la página 253

Probablemente el primer cóctel sin alcohol, que recibió su nombre de la estrella infantil de los años 30. Es una bebida perfecta para todas las chicas guapas. El ginger ale aporta un toque picante a esta bebida larga y dulce.

cubitos de hielo
2 chorritos de granadina
180-240 ml de ginger ale
rodajas de limón para decorar

Llene un vaso *highball* con hielo. Añada un par de chorritos de granadina y rellene con el ginger ale. Exprima un par de rodajitas de limón sobre la bebida antes de echarlas dentro. Remueva y sirva.

Para 1 persona

red berry soda

véanse variaciones en la página 254

Una bebida muy adecuada para una fiesta estival, cuando las fresas locales están en su mejor momento. Aunque las fresas pierden su textura al congelarlas, no importa, puesto que en este cóctel van trituradas. Si le sobran fresas, congélelas para emplearlas más adelante.

1 cucharadita de jarabe de frambuesa
    o de almíbar
²/₃ de taza de fresas cortadas en rodajas
60 ml de zumo de frambuesa
cubitos de hielo
120 ml de agua de soda
frambuesas y fresas para decorar

Ponga el jarabe de frambuesa, las fresas y el zumo de frambuesas en el robot. Triture hasta que quede una mezcla fina. Viértala en un vaso *highball* lleno hasta la mitad de cubitos de hielo y rellene con soda. Sirva la bebida decorada con frambuesas y fresas.

Para 1 persona

mango & coconut refresher

véanse variaciones en la página 255

Otro sabor del soleado Caribe de la mano de esta bebida suave refrescante y cremosa. Utilice mango muy maduro, dulce y fragante para que el cóctel le quede con sabor fresco y frutal.

$^1/_2$ mango maduro, pelado y troceado
60 ml de leche de coco espesa
cubitos de hielo
120 ml de soda

Ponga el mango y la leche de coco en el robot y triture hasta que quede una mezcla fina. Viértala en un vaso largo lleno hasta la mitad de cubitos de hielo y rellene con soda.

Para 1 persona

variaciones

pussyfoot

véase receta básica en la página 233

pussyfoot frappé
Ponga todos los ingredientes, excepto los cubitos de hielo, en el robot. Añada 2-3 cucharadas de hielo picado y triture hasta que el hielo quede fino. Vierta la mezcla en una copa de vino grande y sirva con una pajita.

orange pussyfoot
Doble la cantidad de zumo de naranja y reduzca a la mitad la cantidad de zumo de lima y de limón.

grapefruit pussyfoot
Sustituya el zumo de lima y de limón por 60 ml de zumo de pomelo.

apple pussyfoot
Sustituya el zumo de lima por 60 ml de zumo de manzana.

strawberry pussyfoot
Sustituya la granadina por 1 cucharadita de jarabe de fresa.

variaciones

ice bite

véase receta básica en la página 234

orange ice bite
Sustituya el zumo de pomelo rosa por la misma cantidad de zumo de naranja.

apple ice bite
Sustituya el zumo de pomelo rosa por la misma cantidad de zumo
de manzana.

goji berry ice bite
Sustituya el zumo de pomelo rosa por la misma cantidad de zumo de goji.

pineapple ice bite
Sustituya el zumo de pomelo rosa por zumo de pomelo amarillo, y el zumo
de arándanos por zumo de piña.

pink cloud ice bite
Sustituya el zumo de arándanos por zumo de naranja sanguina.

variaciones

lime, mint & lemongrass sparkler

véase receta básica en la página 237

lemon & mint sparkler
Sustituya la lima por una rodajita de limón y macháquela con la menta
y la hierba limonera. Añada hielo y rellene con limonada o bíter de limón,
en lugar de hacerlo con zumo de manzana. Sirva la bebida decorada
con una rodaja de limón.

st. Clements sparkler
Sustituya el zumo de manzana con gas por refresco de naranja con gas.
Decore el vaso sólo con la rodaja de lima.

mint & cola sparkler
Prescinda de la lima y sustituya el zumo de manzana con gas por refresco
de cola. Prescinda de las rodajas de manzana y de lima.

mint & ginger sparkler
Prescinda de la lima y sustituya el zumo de manzana con gas por ginger ale.
Prescinda de las rodajas de manzana y de lima.

mint & strawberry sparkler
Sustituya la hierba limonera por 2 fresas troceadas, y la lima por 1
cucharadita de jarabe de fresa. Rellene con agua mineral con gas. Decore el
vaso con una ramita de menta.

variaciones

piña colada sin alcohol

véase receta básica en la página 238

piña colada sin alcohol sunrise
Añada un chorrito de granadina a la bebida ya acabada y remueva antes
de beber.

piña colada sin alcohol con mango
Sustituya el plátano por la pulpa troceada de medio mango maduro y pelado.

piña colada sin alcohol con fresas
Sustituya el plátano por 4 fresas grandes y añada un chorrito de jarabe
de fresa.

piña colada sin alcohol con kiwi
Sustituya el plátano por 1 kiwi pelado y troceado, y la mitad del zumo
de piña por zumo de manzana.

piña colada sin alcohol con papaya
Sustituya el plátano por la pulpa troceada de media papaya pequeña
y madura sin semillas.

variaciones

kiwi crush

véase receta básica en la página 241

strawberry crush
Sustituya el kiwi por 4 fresas y utilice jarabe de fresa en lugar de almíbar.

mango crush
Sustituya el kiwi por la pulpa troceada de medio mango.

clementine crush
Sustituya el kiwi por una clementina pelada. Después de triturar
los ingredientes, filtre la mezcla en la copa.

apricot crush
Sustituya el kiwi por 2 albaricoques deshuesados; añada un poco más
de zumo de manzana a la mezcla si es demasiado espesa.

peach crush
Sustituya el kiwi por la pulpa troceada de medio melocotón maduro. Después
de triturar los ingredientes, filtre la mezcla sobre la copa. Añada un poco más
de zumo de manzana a la mezcla si es demasiado espesa.

variaciones

shirley temple

véase receta básica en la página 242

strawberry shirley temple
Sustituya la granadina por jarabe de fresa.

raspberry shirley temple
Sustituya la granadina por jarabe de fresa, y el ginger ale por bíter de limón.

lemon drop kid
Sustituya el ginger ale por limonada o 7 Up.

orange drop kid
Sustituya el ginger ale por refresco de naranja con gas.

roy rogers
¡Para que los chicos no se queden fuera! Sustituya el ginger ale por refresco de cola.

variaciones

red berry soda

véase receta básica en la página 245

raspberry & blueberry soda
Triture el jarabe con ½ taza de arándanos en lugar de fresas y sirva la bebida decorada con frambuesas y arándanos.

strawberry & elderflower soda
Triture las fresas con 1 cucharada de zumo de flor de saúco en lugar del jarabe de fresas.

red berry & apple soda
Rellene con zumo de manzana con gas en lugar de hacerlo con soda.

red berry & lemon soda
Rellene con limonada o bítter de limón en lugar de hacerlo con soda.

blackberry soda
Triture el jarabe con ½ taza de moras en lugar de fresas, y sirva la bebida decorada con frambuesas y moras.

variaciones

mango & coconut refresher

véase receta básica en la página 246

mango, coconut & apple refresher
Rellene con zumo de manzana con gas en lugar de hacerlo con soda.

papaya & coconut refresher
Sustituya el mango por la pulpa troceada de media papaya pequeña, madura, pelada y sin semillas.

lychee & coconut refresher
Sustituya el mango por 4 rambutanes en conserva, pelados y deshuesados, o sustitúyalos por lichis.

watermelon & coconut refresher
Sustituya el mango por la pulpa troceada de una rajita de sandía pelada y troceada.

raspberry & coconut refresher
Sustituya el mango por 8 frambuesas frescas o congeladas.

remedios para la resaca

Si está sufriendo los efectos de la fiesta

de la noche anterior, uno de estos remedios

para la resaca le pondrá enseguida como nuevo.

Pero una advertencia: son demasiado buenos

para acudir a ellos sólo en los momentos de resaca;

encontrará todo tipo de excusas para hacerlos.

walk the line

véanse variaciones en la página 273

El jengibre es bien conocido por calmar el estómago indispuesto, así que este refresco largo y especiado le pondrá de nuevo en marcha, y con más ganas de fiesta.

60 ml de vodka
el zumo de 1 lima
1 chorrito de almíbar
cubitos de hielo
120 ml de ginger ale bien frío
rodajas de lima para decorar

Ponga el vodka, el zumo de lima, el almíbar y una buena cantidad de cubitos de hielo en una coctelera. Agite vigorosamente. Filtre la mezcla sobre un vaso y rellene con ginger ale bien frío. Sírvalo adornado con rodajas de lima.

Para 1 persona

bullshot

véanse variaciones en la página 274

Si no puede con ninguno de los aperitivos del almuerzo, este sabroso cóctel es una revitalizante alternativa a la sopa. Enfríe bien el caldo antes de mezclarlo con el resto de los ingredientes.

60 ml de vodka
120 ml de caldo de ternera refrigerado
1 chorrito de zumo de limón
2-3 chorritos de salsa worcester
1 pizca de sal de apio
1-2 chorritos de tabasco
1 rizo de piel de lima o de limón para decorar

Ponga el vodka, el caldo, el zumo de limón, la salsa worcester, la sal de apio y el tabasco en una coctelera. Añada más salsa worcester o tabasco si quiere la mezcla más especiada. Agite bien, filtre la mezcla sobre un vaso bajo y añada un rizo de piel de lima o de limón. Sirva la bebida con un mezclador.

Para 1 persona

eggnog

véanse variaciones en la página 275

El llamado Eggnog era originalmente un ponche a base de leche y vino o jerez. Se convirtió en una bebida popular en las tabernas inglesas durante el siglo XVIII, y se servía en jarras pequeñas y talladas. Más tarde se empezó a asociar con la Navidad, hasta el punto de que muchos victorianos no creían que las celebraciones hubiesen empezado apropiadamente hasta haber bebido un vaso de eggnog, que, sin duda, ayudaba a curar los efectos de los excesos de la vigilia. Cuando la bebida cruzó el Atlántico, el ron reemplazó al jerez y se hizo tan popular que hasta George Washington creó su propia receta, que incluía whisky de centeno, ron y jerez.

1 huevo grande con la yema separada del huevo
1 ½ cucharadita de azúcar extrafino
unas gotas de extracto de vainilla
60 ml de ron añejo, dorado o blanco
90 ml de leche entera
60 ml de crema de leche espesa
nuez moscada recién molida para espolvorear

Ponga la yema de huevo, el azúcar y la vainilla en un cuenco y bátalos hasta lograr una mezcla pálida y cremosa. Incorpore gradualmente el ron, seguido de la leche. Bata en otro cuenco la clara de huevo a punto de nieve. Incorpore la mezcla del otro a la clara de huevo. Bata la crema e incorpórela también. Vierta la mezcla en un vaso y sirva la bebida espolvoreada con un poco de nuez moscada recién rallada.

Para 1 persona

fluffy duck

véanse variaciones en la página 276

Si tiene resaca, con sólo poner la vista en esta suave y cremosa bebida se sentirá mejor enseguida. El suave Advocaat, con su ligero sabor a almendra, mezclado con el zumo de naranja, la crema, la limonada y un pequeño toque de ron, es ideal para hacer desaparecer la baja forma del día siguiente.

30 ml de ron blanco
30 ml de Advocaat
hielo picado
30 ml de crema de leche
30 ml de zumo de naranja
aproximadamente 120 ml de limonada

Vierta el ron y el Advocaat en un vaso largo lleno hasta la mitad de hielo picado. Añada la crema y el zumo de naranja, remueva y después rellene con limonada. Sirva la bebida con una pajita.

Para 1 persona

snowball

véanse variaciones en la página 277

El licor Advocaat se elabora con yema de huevo, vainilla, coñac y azúcar: ¡casi un desayuno en una botella! En los años 60, cuando este cóctel gozaba de la mayor popularidad, su contenido de alcohol era tan bajo que se tachaba de bebida para chicas. Desde entonces, han aparecido mezclas más potentes, y las variantes con ginebra o vodka han hecho lo suyo para dar al femenino snowball una imagen más «masculina».

60 ml de Advocaat
23 ml de zumo de lima
cubitos de hielo
unos 120 ml de limonada
1 cereza marrasquino para decorar

Ponga el Advocaat y el zumo de lima en una coctelera con una buena cantidad de cubitos de hielo. Agite vigorosamente. Filtre la mezcla en una copa de vino grande. También puede verter el Advocaat bien frío en una copa llena de cubitos de hielo y añadir y mezclar el zumo de lima. Rellene con limonada y sirva la bebida decorada con una cereza marrasquino en un palito de cóctel.

Para 1 persona

wake-up call

véanse variaciones en la página 278

Si tiene una cita importante a la mañana siguiente después de una noche potente, esta bebida le hará llegar puntual, mejor que la alarma más insistente. El chocolate rallado espolvoreado sobre esta bebida cremosa demuestra también que todo ayuda, hasta las cosas más pequeñas.

30 ml de ron dorado
30 ml de Amaretto Disaronno
2 cucharadas de crema de leche espesa
30 ml de café frío, fuerte
cubitos de hielo
chocolate negro rallado para decorar

Ponga el ron, el Amaretto Disaronno, la crema y el café en una coctelera con una buena cantidad de hielo. Agite vigorosamente. Filtre la mezcla en una copa de cóctel y espolvoree por encima con un poco de chocolate negro rallado.

Para 1 persona

red restorer

véanse variaciones en la página 279

Distraiga la atención sobre los ojos enrojecidos con esta bebida brillante y alegre para el día después. La larga lista de propiedades beneficiosas de las granadas y los arándanos significa que esta bebida también le estará haciendo mucho bien.

30 ml de zumo de granada
30 ml de zumo de arándanos
30 ml de vodka
hielo picado
2 cucharaditas de semillas de granada

Ponga el zumo de granada, el zumo de arándanos y el vodka en una coctelera. Agite vigorosamente. Vierta la mezcla en un vaso con hielo picado y espolvoree semillas de granada sobre la bebida.

Para 1 persona

tokyo bloody mary

véanse variaciones en la página 280

El tradicional *Bloody Mary*, como remedio para la resaca, se creó en 1921 en el Harry's Bar de París, pero se dice que fue la novia de América, Mary Pickford, la que inspiró su nombre, no María de Escocia. Aunque ni siquiera los críticos señalasen que la estrella del cine mudo necesitara bebidas restauradoras a la mañana siguiente, la Pickford había bebido antes un cóctel similar, por lo que el combinado tomó su nombre... Y la sangre alude al zumo de tomate de la receta, ¡no a la dama!

120 ml de zumo de tomate
60 ml de sake
1 cucharadita de mirin
$^1/_2$ cucharadita de wasabi
1 chorrito de salsa de soja japonesa
cubitos de hielo
hojas de apio para decorar

Ponga el zumo de tomate, el sake, el mirin, el wasabi y la salsa de soja en un vaso alto con hielo. Remueva hasta que todos los ingredientes queden mezclados. También puede agitarlos en una coctelera y después verter el contenido en un vaso con hielo. Sirva la bebida con una tira de apio como mezclador.

Para 1 persona

hair of the dog

véanse variaciones en la página 281

La miel se aprecia por sus cualidades balsámicas, y combinada con whisky y crema es un buen modo de sacudirse los turbios efluvios de la resaca.

60 ml de whisky
45 ml de crema de leche espesa
1 cucharada de miel clara
cubitos de hielo o hielo picado

Ponga el whisky, la crema de leche espesa y la miel en un cuenco y bátalos hasta que se mezclen o agítelos vigorosamente en una coctelera. Vierta la mezcla en un vaso bajo con hielo y sirva la bebida con un mezclador y una pajita.

Para 1 persona

walk the line

véase receta básica en la página 257

cola line
El refresco de cola también calma el estómago. Sustituya el ginger ale por la misma cantidad de refresco de cola.

lemon line
Sustituya el zumo de lima por 1 cucharada de zumo de limón, y rellene con la mitad de ginger ale y la mitad de limonada. Decore la bebida con rodajas de limón en lugar de lima.

bíter orange line
Sustituya 15 ml del vodka por curaçao de naranja. Decore la bebida con una rodajita de naranja en lugar de hacerlo con las rodajas de lima.

flat line
Sustituya el ginger ale por zumo de naranja natural.

variaciones

bullshot

véase receta básica en la página 258

red rag
Sustituya la mitad del caldo de ternera por zumo de tomate.

veggie bull
Sustituya la mitad del caldo de ternera por caldo de verduras y añada la misma cantidad de zumo de verduras.

orange bullshot
Añada 1 cucharada de zumo de naranja natural a la coctelera y agite con el resto de los ingredientes.

virgin bullshot
Sustituya el vodka por caldo o zumo de tomate. Sirva la bebida con un poco de pimienta molida por encima.

eggnog

véase receta básica en la página 261

warm eggnog

Bata en un cazo pequeño el huevo entero, el azúcar, la vainilla, la leche
y la crema. Caliente a fuego lento hasta que la mezcla espese ligeramente,
lo suficiente como para que se quede adherida al mango de una cuchara.
Cuide de que no se caliente demasiado, porque se separará. Ponga fruta
fresca troceada, como piña, cerezas deshuesadas o naranja, en un vaso.
Añada el ron y la mezcla de huevo. Espolvoree con nuez moscada y beba
mientras aún esté caliente.

nashville nog

Sustituya el ron por bourbon.

vanilla vodka nog

Prescinda del extracto de vainilla y sustituya el ron por vodka con sabor
a vainilla.

dry orange nog

Sustituya el ron por coñac y añada un chorrito de curaçao naranja.

variaciones

fluffy duck

véase receta básica en la página 262

chocolate fluffy duck
Elabore la receta básica, pero sustituya el ron blanco por licor de crema de cacao blanca y prescinda del zumo de naranja.

fluffy duck soda
Sustituya el ron blanco por ron añejo, prescinda de la crema e incremente la cantidad de zumo de naranja a 30 ml. Rellene con soda en lugar de limonada.

orange fluffy duck
En lugar de elaborar la receta básica, vierta 15 ml de ginebra y 15 ml de Cointreau en un vaso largo lleno hasta la mitad de hielo picado. Añada 30 ml de crema de leche espesa y 30 ml de zumo de naranja. Remueva bien, y después rellene con aproximadamente 120 ml de soda.

apple fluffy duck
Rellene con zumo de manzana con o sin gas en lugar de hacerlo con limonada.

variaciones

snowball

véase receta básica en la página 265

dutch courage

Rellene con zumo de piña, en lugar de hacerlo con limonada.

warm & spicy snowball

Rellene con ginger ale, en lugar de hacerlo con limonada.

dutch breakfast

Sustituya la mitad del Advocaat por ginebra, y el zumo de lima por zumo de limón. Rellene con zumo de manzana con o sin gas y endulce con un poco de almíbar si lo desea.

melting snowball

Sustituya la mitad del Advocaat por vodka. Vierta el Advocaat, el vodka y el zumo de lima en una copa llena hasta la mitad de hielo picado. Rellene con limonada.

variaciones

wake–up call

véase receta básica en la página 266

espresso wake–up
Sustituya el ron dorado por ron añejo y doble la cantidad de café.

white night wake–up
Sustituya el ron por vodka, y el Amaretto Disaronno por licor de crema de cacao blanca. Sirva la bebida con un poco de chocolate blanco rallado espolvoreado por encima.

dead of night
Sustituya el ron por vodka con sabor a vainilla, y el Amaretto Disaronno por licor de crema de cacao marrón.

early riser
Sustituya el ron y el Amaretto Disaronno por tequila.

variaciones

red restorer

véase receta básica en la página 269

nervous breakdown

Sustituya el vodka por ron blanco y añada un chorrito de angostura en lugar de las semillas de granada. Sirva la bebida decorada con un rizo de piel de lima.

headbanger

Mezcle los zumos de granada y arándanos con vodka con gas para provocar un ligero hormigueo cítrico en la lengua. Vierta la mezcla sobre hielo picado y decore la bebida con una rodajita de limón en lugar de hacerlo con las semillas de granada.

orange restorer

Sustituya el zumo de granada por zumo de naranja o zumo de naranja sanguina. Decore la bebida con una rodajita de naranja en lugar de hacerlo con las semillas de granada.

double vision

Sustituya el zumo de granada por zumo de lichis o de mangostán. Agite con los otros ingredientes y vierta la mezcla en una copa con hielo picado. Prescinda de las semillas de granada.

variaciones

tokyo bloody mary

véase receta básica en la página 270

bangkok bloody mary

Sustituya el sake por vodka con hierba limonera, el mirin por almíbar, el wasabi por salsa de chile picante y la salsa de soja por salsa de pescado tailandesa. Agite todos los ingredientes juntos, vierta la mezcla en un vaso largo con hielo y adorne con un fino rizo de piel de limón o de lima.

traditional bloody mary

Mezcle o agite juntos el zumo de tomate con el zumo de la mitad de un limón; 2-3 chorritos de salsa worcester y de tabasco o ½ cucharadita de salsa de raiforte preparada; 30 ml de vodka y dos pizcas de pimienta negra molida. Vierta la mezcla en un vaso largo con hielo y espolvoree por encima una pizca de sal de apio.

acapulco bloody mary

Elabore la receta del bloody mary tradicional sustituyendo el vodka puro por vodka con chile o tequila. Espolvoree por encima un jalapeño pequeño sin semillas y troceado muy finamente.

montmartre bloody mary

Elabore la receta del bloody mary tradicional sustituyendo el vodka por absenta (bebida alcohólica aromatizada con anís y con otras flores y hierbas medicinales).

variaciones

hair of the dog

véase receta básica en la página 272

shaggy dog
Sustituya la crema por 30 ml de Cointreau y 15 ml de licor de crema de plátano. Sirva la bebida en un vaso alto y rellene con soda.

doggone
Sustituya el whisky por coñac.

walkies
Sustituya el whisky por 15 ml de vodka con sabor a vainilla y 45 ml de vodka puro.

dog day
Sustituya el whisky por ron añejo o dorado.

índice